Heinrich von Kleist
Die Hermannsschlacht

In einer Bearbeitung von Rudolph Genée
Mit Erläuterungen von Alfred Heil
Aus Fraktur übertragen

Von Kleist, Heinrich: Die Hermannsschlacht. In einer
Bearbeitung von Rudolph Genée. Mit Erläuterungen von Alfred
Heil
Hamburg, SEVERUS Verlag 2014

ISBN: 9-783-86347-845-2
Druck: SEVERUS Verlag, Hamburg, 2014

Der SEVERUS Verlag ist ein Imprint der Diplomica Verlag
GmbH.

Bibliografische Information der Deutschen Nationalbibliothek:
Die Deutsche Nationalbibliothek verzeichnet diese Publikation in
der Deutschen Nationalbibliografie; detaillierte bibliografische
Daten sind im Internet über http://dnb.d-nb.de abrufbar.

© SEVERUS Verlag
http://www.severus-verlag.de, Hamburg 2014
Printed in Germany
Alle Rechte vorbehalten.

Der SEVERUS Verlag übernimmt keine juristische
Verantwortung oder irgendeine Haftung für evtl. fehlerhafte
Angaben und deren Folgen.

SEVERUS

Einleitung.

Wenn in dem ewigen Läuterungsprozesse der Weltgeschichte einem zur Größe berufenen Volke das ihm durch sich selbst und durch Andere so lange verkümmert gebliebene Recht zu Teil wird, so ist es ganz naturgemäß, daß in das Hochgefühl, das die endliche Erfüllung unserer kühnsten Wünsche in uns erweckt, sich auch die Erinnerung an Diejenigen mischt, die in der Zeit fruchtlosen Ringens und unbelohnter Kämpfe in schmerzvoller Sehnsucht dahinstarben. Die Nation lebt fort, — sie schreitet weiter aus der Zeit der Ohnmacht und Erniedrigung in die Zeit der Kraft und des Glückes; es ist dieselbe Nation, welche litt und ist dieselbe, welche aus dem Leiden — sei's auch erst nach Jahrhunderten - zum Glücke gelangt. Aber in dem beglückenden Gefühl des siegreichen Rechtes möchten wir auch Diejenigen an der Sühne Teil nehmen lassen, denen es nicht vergönnt war, auch nur den sterbenden Blick auf den ersten Schimmer der Morgenröte zu richten. Heinrich von Kleist hatte nur den schnödesten Triumph unserer Feinde gesehn; er wendete sich verzweifelnd ab von diesem Leben, als das Geschick des deutschen Vaterlandes trost- und hoffnungslos erschien. Und doch hat niemals ein prophetischer Geist Dasjenige, was wir heute errungen haben, mit tieferer Glut der Begeisterung, mit eindringlicherer Gewalt des poetischen Wortes besungen, als Heinrich von Kleist in seiner „Hermannsschlacht". Und mehr als das: Kleist hat es nicht allein vermocht, das Sehnen und Ahnen in das poetische Wort zu kleiden; er hatte dabei auch ein helles, ein vollkommenes Verständnis; für die ganze große geschichtliche Situation, ein Verständnis, durch welches der Dichter sich hier zugleich als ein eminenter politischer Kopf erweist. Er enthüllt uns in diesem dramatischen Gedichte das innerste Wesen unserer Feinde, und das, was sie uns überlegen machte, mit erstaunlicher Wahrheit; und er erkannte nicht minder das, was uns fehlte, was allein uns zur Rettung führen könne. Ein volles Verständnis für dieses gewaltige Werk, oder genauer für die Intentionen des Dichters, erlangen wir, wenn wir die „Hermannsschlacht" neben seiner letzten dramatischen Schöpfung, dem „Prinzen von Homburg" betrachten. Wenn Kleist in der „Hermannsschlacht" uns die Zerrissenheit Deutschlands schilderte und den Triumph in dem einheitlichen Handeln der deutschen Stämme erblickte, so wies er danach in dem Gemälde des großen Kursfürsten auf denjenigen Staat hin, in welchem vor Allem der Geist der Ordnung als der starke Fels, an den sich unsre Hoffnungen klammern mußten, aus dem Chaos ragte. In diesem Sinne bildet das Schauspiel „Der Prinz von Homburg" eine Ergänzung des politischen Grundgedankens in der „Hermannsschlacht". Wenn in dem brandenburgischen Schauspiel jener politische Gedanke schon durch den Stoss — unserm Verständnisse näher liegt und durch die künstlerischere Klarheit der Komposition noch mehr gehoben wird, so ist dennoch in der mit stärkerer Leidenschaft erfüllten „Hermannsschlacht" das Übergewicht der poetischen Kraft. Daß Kleist es vermocht hat, einen so fern im Nebel der Vergangenheit liegenden Stoff, wie den Untergang des Varus im Teutoburger Walde, so frisch und lebendig aus dem Bewußtsein der Gegenwart dramatisch zu gestalten, muß mehr als alle einzelnen großen Züge in seinen poetischen Schöpfungen uns das dramatische Genie dieses merkwürdigen Dichters erkennen lassen es beweist uns eine dramatische Gestaltungskraft, wie sie nächst Shakespeare kaum ein anderer Dichter besaß. Es ist nicht schwer zu erkennen, worin Schiller und Goethe unserm von der Gunst des großen Publikums niemals sonderlich geförderten Dichter überlegen waren, und weshalb Kleist in seinen unmittelbaren Wirkungen hinter Jenen zurückbleiben mußte, obwohl seine ursprüngliche dramatische Begabung entschieden größer war. Aber wir können getrost behaupten, daß die „Hermannsschlacht" an Tiefe des Gedankens, Frische und Lebendigkeit der Darstellung und Plastik aller Gestalten jeder der Shakespeareschen „Historien" vollkommen ebenbürtig ist, an Einheitlichkeit und Ebenmaß in der Komposition aber eine jede einzelne übertrifft. Wenn trotzdem mit der „Hermannsschlacht" bisher für die Bühne nur vereinzelt gebliebene Versuche gemacht wurden, ohne daß das Stück einen festen Platz auf dem deutschen Theater zu erringen vermochte, so können wir uns dies aus mancherlei Gründen erklären. Zunächst hatte der altgermanische Stoss, der durch die Bardenpoesie ganz und gar der Region unseres natürlichen Denkens und Empfindens entrückt worden, für unser Publikum nichts Reizvolles; außerdem macht die Herbheit, welche die ganze Natur Kleists durchdrang, auch hier mehrfach in feindseligster Weise sich geltend, so daß für die Darstellung auf der Bühne vielfach eine Milderung der Farben, ein sorgfältiges Abschleifen der schärfsten Kanten erforderlich wird. Ein dahin zielender sehr verdienstlicher Versuch ist schon vor einer Reihe von Jahren (von Feodor Welzl) gemacht worden. Wenn ich jetzt aufs neue eine solche Arbeit unternommen habe[1], so geschah es nicht allein, weil ich meine eigenen Anschauungen über die nötigen Änderungen hatte, sondern außerdem in der freudigen Voraussetzung: das; es vielleicht erst einer so gewaltigen nationalen Erhebung und so großartiger nationaler Triumphe, wie sie Deutschland heute erlebt hat, bedurfte, um auch einem solchen Werke, wie Kleists „Hermannsschlacht" erst die richtige Beleuchtung und die ihm gebührende Anerkennung zu verschaffen. Es würde dieser Fall einen neuen Beleg dafür geben, daß gewisse wahrhaft große poetische Schöpfungen in ihrer Bedeutung über die Zeit ihrer Entstehung hinauswachsen.

Sechzig Jahre sind bereits seit dem Tode Kleists verflossen. Durch die Ausgabe seiner Werke, welcher sich L. Tieck mit Liebe widmete, war das Interesse für den Dichter dennoch kaum über die Begrenzung literarischer Kreise hinausgekommen. Aber es war doch die Grundlage damit gegeben, die oft befremdende Eigenartigkeit des Dichters aus dem Wesen des Menschen zu erklären, und E. v. Bülows Nachrichten über Kleists Leben brachten dafür reichliche Ergänzungen. Seitdem ist mehr und mehr in literarisch gebildeten Kreisen das Studium Kleists seiner Persönlichkeit wie seiner Werke, mit Vorliebe gepflegt worden. An die biographisch-kritische Einleitung, mit welcher Julian Schmidt die von ihm besorgte neue und vollständigere Ausgabe Kleists (1859) versehn hatte, schlossen sich die Briefe an Kleists Schwester Ulrike, ferner die von Köpfe gesammelten politischen. Schriften Kleists u.s.w., um das Material zu vervollständigen, welches dem Buche von Ad. Wilbrandt aber „Heinrich von Kleist" (1863) zu einer umfassenden Kritik des Dichters und Menschen dienen sollte.

Zu einer eigentlichen Popularität wird trotz alledem Kleist schwerlich jemals gelangen: es ist dies schon dadurch ausgeschlossen, daß er nicht nur einer der ersten Dichter unserer Nation, sondern auch der eigentümlichste unter ihnen ist. Kleists Bedeutung ist nicht nur durch die Originalität seines Wesens gekennzeichnet, sondern auch dadurch, daß Nichts in seinen Dichtungen uns gleichgültig berührt; entweder er reißt zur Bewunderung hin oder er wirkt abstoßend, verletzend. Niemals wendet er sich an das oberflächliche Gefühl, das sich sowohl durch Dichter höhern als auch ungleich niederern Ranges so leicht gefangen gibt. Kaum bei einem andern Dichter tritt uns die Subjektivität so stark aus seinen Produktionen entgegen, wie bei Kleist; und wer mit seinem so viel psychologisches Interesse bietenden Wesen sich vertraut

---

[1] Königl. Hoftheater in München, unter v. Perfalts kunstsinniger Leitung, ist bereits die Aufführung des Dramas nach der vorliegenden Einrichtung von großem Erfolge gewesen.

gemacht hat, der wird die uns oft störenden und aus dem Genusse seiner vollen Harmonien uns aufschreckenden Dissonanzen leichter erklären und leichter entschuldigen, gleichzeitig aber um so energischer seine Teilnahme den oft unvergleichlichen Schönheiten seiner Dichtungen zuwenden. Der ganze reiche Stoff, den das Leben und die Werke dieses Dichters für eine psychologische Studie bieten, kann uns natürlich hier nicht beschäftigen. Nur diejenigen Momente daraus, welche sich auf das Eine hier einzuleitende Werk, auf seine „Hermannsschlacht" beziehen, mögen hier ins Auge gefaßt werden.

Nach den Berichten, die wir über Kleists Jugendjahre besitzen, entwickelte sich schon sehr früh bei ihm ein starkes Sittlichkeitsgefühl. Dasselbe war bei ihm durch die unbedeutendsten Anlässe so oft verletzt, daß er dadurch häufig in die heftigste Empörung geriet. Außerdem kam bei ihm schon als Knabe in seinem elterlichen Hause — er war zu Frankfurt a. O. 1776 geboren und der Sohn eines Offiziers — im Verkehr mit seinen Geschwistern sein deutsches Bewußtsein in jeder Weise zum Ausdruck; seine deutsche Muttersprache suchte er seinen Geschwistern gegenüber systematisch zu kultivieren, und bei seiner musikalischen Begabung hatte er auch für die Kunst des Vorlesens musikalische Gesetze festzustellen und zu üben versucht. Bei dem stärkern Hervortreten seiner geistigen Neigungen, bei seinem oft in fieberhafter Heftigkeit sich äußernden Wissensdrang, der keinerlei Einschränkung ertragen konnte, wurde er seiner begonnenen militärischen Karriere bald abgeneigt. Im Widerspruche mit seinen Anverwandten. nahm er seinen Abschied. Ziel- und ruhelos, wie hiernach sein ferneres Leben bezüglich des zu erwählenden Berufes sich gestaltete, waren auch seine Beziehungen zum weiblichen Geschlechte geblieben. Wie sein erstes Verhältnis zu einer jungen Dame rückgängig geworden war, so blieb auch das mehrjährige Verhältnis zu seiner Braut schließlich resultatlos; durch seine vielen Reisen lockerte sich allmälig das Band, und uns blieb aus dieser Beziehung nur der Gewinn vieler sehr wichtiger Bekenntnisse, die er in seinen Briefen an Wilhelmine ablegte.

Das Studium der Mathematik und der Naturwissenschaften wurde von ihm einige Zeit lang mit großem Eifer betrieben. Wichtiger aber für ihn und einflußreicher auf seine geistige Entwicklung und schließliche Zerrüttung war für ihn das keineswegs hinlänglich vorbereitete Studium der Kant'schen Philosophie. In seinem Vorhaben, dieselbe nach Frankreich zu tragen, um dieses leichtsinnige Volk, — wie er sich ausdrückt— dies „neugierige Land" damit bekannt zu machen, war er selbst durch das Sittlichkeitsgesetz des Kant'schen „kategorischen Imperativ" in einen bedenklichen Konflikt geraten. Je häufiger er mit seinen idealen Bestrebungen in Widersprüche mit sich und mit den Lebensverhältnissen geriet, je mehr steigerte sich sein sittlicher Rigorismus zu krankhafter Höhe. In diesem Momente finden wir den wichtigsten Ausgangspunkt für die leidenschaftlichen Grübeleien, die mehr und mehr seine Natur unterwühlten, bis er endlich diesem unbefriedigenden Leben wie ein „fröhlicher Lustschiffer" entfloh.

Wahrheit war es, was er immer und immer suchte, aber nicht finden konnte. Der Schmerz, der ihn deshalb erfüllte, spricht sich am stärksten in dem einen Briefe aus, den er 1801 aus Paris an seine Braut schrieb. Nach seinen Betrachtungen über das Vergebliche aller Wissenschaft kommt er hierbei zu dem Resultate: „Wenn man überlegt, daß wir ein Leben bedürfen, um zu lernen, wie wir leben müßten, daß wir selbst im Tode noch nicht ahnen, was der Himmel mit uns will, wenn Niemand den Zweck seines Daseins und seine Bestimmung kennt, wenn die menschliche Vernunft nicht hinreicht, sich, die Seele und das Leben, und die Dinge um sich zu begreifen, wenn man seit Jahrtausenden noch zweifelt, ob es ein Recht gibt, —

3

kann Gott von solchen Wesen Verantwortlichkeit fordern? Man sage nicht, daß eine Stimme im Innern uns heimlich und deutlich anvertraue, was Recht sei. Dieselbe Stimme, die den Christen zuruft, seinem Feinde zu vergeben, ruft dem Seeländer zu, ihn zu braten. —"

Dieser Konflikt, welcher bei Kleist nicht allein seinen Verstand beschäftigte, sondern vor Allem sein Herz, hätte bei einer andern Natur als die seinige war, in den poetischen Schöpfungen wohl sich auflösen können. Bei ihm trat leider der Fall ein, daß er sich nur noch schärfer gestaltete. Einmal, in einem Briefe an seine Braut, äußerte er seinen Widerwillen dagegen, „Bücher für Geld zu schreiben." „Ich begreife nicht, wie ein Dichter das Kind seiner Liebe einem so rohen Haufen, wie die Menschen sind, überliefern kann." Aber dennoch hatte seine Verachtung der Menschen und sein Streben, ihnen etwas Großes vorzuhalten, fortwährend sein Gemüt zum Kampfplatz ersehen. Noch kurz vor seinem Ende, als er sich ernstlich um eine Stellung im Staatsdienst bemühte und er darüber einem Freunde briefliche Mitteilung machte, erwähnte er gegen Diesen gleichzeitig, wie er sich wieder mit einer neuen poetischen Idee beschäftige, und fügte hinzu: „Daß Urteil der Menschen hat mich bisher viel zu sehr beherrscht, besonders ist das Käthchen von Heilbronn von Spuren davon. Es war von Anfang herein eine ganz vortreffliche Erfindung, und nur die Absicht, es für die Bühne passend zu machen, hat mich zu Mißgriffen verführt, die ich jetzt beweinen möchte. Kurz ich will mich von dem Gedanken ganz durchdringen, daß, wenn ein Werk nur recht frei aus dem Schooß des menschlichen Gemüts hervorgeht, dasselbe auch notwendig darum der ganzen Menschheit angehören müsse." Wenn nur eben jener „rohe Haufen" nicht in dieser Menschheit so viel mitzusprechen hätte! Goethe, dessen so harmonischem Wesen allerdings Kleists Natur sehr widerstrebend sein mußte, äußerte einmal mit Bezug auf Kleist: Es bekümmere ihn stets, „junge Männer von Geist und Talent auf ein Theater warten zu sehen, welches da kommen soll." Dies bezog sich nun freilich speziell, und nicht ohne Grund, auf Kleists „Penthesilia". Andern Werken Kleists hingegen war die Ungewißheit eines solchen Zukunftstheaters wahrlich kein Hemmnis; am allerwenigsten dürfte dies von der „Hermannsschlacht" gelten, bei der wir eher zu der Anschauung gelangen konnten, daß der Dichter dabei auf ein Deutschland wartete, „welches da kommen soll," und — welches nun auch gekommen ist.

In innigster Verbindung mit dem erwähnten sittlichen Rigorismus Kleists stand sein patriotisches Gefühl. Beides wirkte zusammen, und seinen Haß gegen die Franzosen zu nähren. Schon im Jahre 1801, bei seinem Aufenthalte in Paris, hatte er in einem Briefe an seine Braut über die Franzosen u. A. geäußert: „Ich kann Dir nicht beschreiben, welchen Eindruck der erste Anblick dieser höchsten Sittenlosigkeit bei der höchsten Wissenschaft auf mich machte. Diese Nation ist reifer zum Untergange, als irgendeine andere."

So bitter und vernichtend sind alle seine Äußerungen über das, was er in Paris sah und hörte; und immer ist es das volle ganze Herz, das sich von der mit eitelm Glanze sich umhüllenden Unnatur entrüstet abwendet. Wer in Kleists Briefen seine bewundernswürdig tiefe Erkenntnis des französischen Wesens liest, wird begreifen, wie furchtbar es sein Herz verwunden mußte, eben diese Nation ihre siegreichen Fahnen weiter und weiter tragen zu sehn über Deutschlands Fluren hin. Wenn in seinem „Kriegslied der Deutschen"

> Zottelbär und Panthertier
> Hat der Pfeil bezwungen etc.

dieser so völlig unbefriedigte Haß in einen wilden Humor flüchtet, so wächst er in furchtbarer Kraft in dem erhabenen Schlachthymnus „Germania an ihre Kinder." In der „Hermannsschlacht" kommen beide Grundstimmungen zum großartigsten Ausdruck: die wie Schwefelsäure zerfressende Kritik gegen das Franzosentum, gegen die „Affen der Vernunft," wie er sie einmal nennt, und der markdurchdringende Racheschrei gegen unsere Peiniger. Alles, was nur im mindesten an die Phrase streifte, war Kleists Natur im innersten zuwider. Sowie er die flunkernde und glänzende Lüge unserer Feinde haßte, so war ihm auch bei uns alle patriotische Schöntuerei, der das Mark fehlte, verächtlich. So gibt er auch in der „Hermannsschlacht" seiner Mißachtung gegen die kokette Geheimnistuerei des „Tugendbundes" gelegentlich unzweideutigen Ausdruck, wenn er Hermann einmal über die Mißvergnügten sich äußern läßt: „Die schreiben, Deutschland zu befreien, in Chiffern, schicken mit Gefahr des Lebens einander Boten, die die Römer hängen, versammeln sich im Zwielicht" u.s.w. Begeistert blickte er dagegen aus dem Radikalismus, mit dem die Spanier sich gegen die französische Tyrannei erhoben. Verrat, Gift und Meuchelmord, alle Mittel mußten gelten, um das Gezücht zu vertilgen, das unsern Boden und die Rechte der Menschheit mit Füßen trat. Aus diesem Gefühl entsprang „Die Hermannsschlacht", und so wurde sie das merkwürdigste Beispiel in unserer Literatur, in welchem ein fernliegender Stoss so in die lebendige Gegenwart versetzt wurde.

Kleist war bereits (1808) mit der „Hermannsschlacht" lebhaft beschäftigt und inmitten der Arbeit, als Österreich den Krieg gegen Frankreich vorbereitete, und in dem Dichter die kühnsten Hoffnungen auf Deutschlands Befreiung erweckte. Der Zeitpunkt übte seinen Einfluß auf Kleists poetische Behandlung der historischen Tatsachen. Indem er Österreich durch Armin repräsentierte, ließ er den herrschsüchtigen Marbod nicht fallen, sondern nachdem Hermann — Österreich — die Initiative für die Befreiung ergriffen, der gemeinsamen Suche sich anschließen und durch die Schnelligkeit der Aktion den Anschlag geben. Diese Rolle Marbods teilte der Dichter Preußen zu, und der preußische Dichter war deutscher Patriot genug, um dennoch schließlich die deutsche Krone Demjenigen zusprechen zu lassen, der — so hoffte er beim Beginn des Krieges — das Werk der Befreiung durchführte:

> Und weil die Krone sonst, zur Zeit der grauen Väter,
> Bei Deinem Stamme rühmlich war, —
> Auf Deine Scheitel falle sie zurück.

Kam es auch anders, so zeigt doch dieser schöne Irrtum Kleists sein treues wahrhaft deutsches Herz im reinsten Lichte. Der Enttäuschung über den Verlauf der politischen Angelegenheiten sollte bei dem Dichter aber noch eine Enttäuschung über seine poetische Schöpfung vorausgehn. Im Januar 1809 hatte er die „Hermannsschlacht" nach Wien zur Aufführung für das Burgtheater geschickt. In seinem Briefe an den damaligen Dramaturgen, den Dichter Collin, sprach er die Ansicht aus, daß der Erfolg dieses Stückes sicherer sei, als der des „Käthchen von Heilbronn", und daß er es deshalb gern vor diesem auf — die Bühne bringen möchte. Man weiß, daß das Käthchen nur in einer den poetischen Zauber vernichtenden Bearbeitung auf die Bühnen kam; die „Hermannsschlacht" aber blieb ganz liegen, unbeachtet, ungewürdigt. Weder im Staate Hermanns, noch in dem Marbods sollten sich die Gemüter an den Flammen erhitzen, die aus dem reinsten deutschen Dichterherzen loderten! Es war offenbar eine große Anmaßung, daß ein Dichter seine Stimme da erheben wollte, wo nur die Diplomatie das Recht hatte, patriotisch oder — unpatriotisch zu sein.

Kurz vor dem Ausbruch des Krieges 1809 war Kleist nach Dresden gekommen, wo ihn Friedrich Dahlmann kennen lernte, dem wir interessante Mitteilungen über diese Episode verdanken. Eines Abends, erzählt Dahlmann, verabredeten Beide, nächster Tage zu Fuß nach

Österreich zu wandern; denn „da einmal der sächsische Hof sich der schlechten Sache anschließe, so sei es besser, die Zukunft in Prag abzuwarten." In Prag wurde Dahlmann mit dem Manuskript der Hermannsschlacht bekannt gemacht, und erzählt u. A., mit wie „unwiderstehlichem Herzensklange" ihm Kleist, trotz seiner bedeckten Stimme, gewisse Partien aus dem Drama, so namentlich den Bardensang, vorlas. Nach ihrem Aufbruch von Prag waren sie noch nicht bis nach Wien gelangt, als die Schlacht bei Aspern (21. Mai 1809) sie überraschte. Kleist besuchte sogleich mit Eifer das frische Schlachtfeld und wurde dafür von den Österreichern einige Zeit als Spion festgehalten. Daß er sich als ehemaliger preußischer Offizier und als patriotischer Dichter auswies, konnte wohl seine Freilassung bewirken, aber schwerlich den österreichischen Offizieren deshalb eine günstigere Meinung über ihn beibringen. Nach dem unglücklichen Ausgang des österreichisch-französischen Krieges, im Oktober 1809, ging Kleist entmutigt nach Berlin. Zwei Jahre später hatte er dort, in der Nähe von Potsdam, unter höchst seltsamen Umständen sich den Tod gegeben.

Wenn wir in Berücksichtigung ziehn, daß die „Hermannsschlacht" — abgesehn von dem hohen patriotischen Werte und dem politischen Interesse dieses Werkes — auch an theatralischer Wirksamkeit von keiner andern Kleist´schen Dichtung übertroffen wird, so muß es beinah rätselhaft erscheinen, daß dieselbe auch bis heute noch nicht ein fester Repertoirbesitz aller großen Bühnen Deutschlands geworden ist. Daß es in der Schiller´schen Epoche unsers Dramas nicht zur Geltung kam, ist begreiflich. Auch jene Werke Kleists, die nicht von vornherein durch den politischen Jammer unsers Vaterlandes lahm gelegt werden mußten, hatten nur schwer und unvollkommen oder gar nicht den Weg zur Bühne finden können. So lange durch Schillers große Begabung die lyrische Stimmung unsers Dramas zum Erfolg gekommen war und bei allen Nachahmern die schön klingende Phrase auf der Bühne zur Herrschaft gebracht hatte, mußte ein Dichter wie Kleist stets wie ein fremder Gast, wie eine befremdende Erscheinung wirken. Er war inmitten der Phrasen-Dramatiker wie die Wahrheit, vor deren Mahnen man sich allerorts gern abwendet. Aber wir kennen dabei doch unsern Dichter selbst nicht von aller Schuld freisprechen. Sein spezifisch dramatisches Talent war so außerordentlich, daß er damit trotz aller feindlichen Hemmnisse hätte siegen müssen. Wenn es nicht geschah, so war — wollen wir unbefangen urteilen — nicht allein die Wahrheit seiner Poesie daran Schuld, sondern auch der Umstand, daß er stets mit Bewußtsein und in oppositionellem Geiste seine Tendenzen durchzusetzen strebte, daß er dabei auf den Irrweg geriet, seine Probleme zu gewaltsam anzuspannen und dadurch häufig selbst die Wirkung brach. Indem er sich dem herrschenden Geschmacke der bequemen Menge entgegenstellte, isolierte er sich selbst mehr und mehr. Daher seine häufig vorkommende Maßlosigkeit, Bitterkeit und Härte. Kleist kann zwar nicht schlechtweg den Romantikern beigezählt werden, aber er hat mit Diesen doch in hervorragenden Zügen viel Gemeinsames. Sein vorherrschendes Talent für plastische Gestaltung und seine Neigung zum starken Realismus bricht dennoch überall durch die verschwimmenden Farbentöne der Romantik mit um so hellerer Schärfe hindurch, und durch diese Gegensätzlichkeit treten beide Teile um so stärker hervor. Wir empfinden das am meisten in jenen Dichtungen, die ganz im Boden der Romantik wurzeln, so in den Schroffensteinern und im Käthchen von Heilbronn. Es scheint, als wolle er selbst das eine Element in ihm durch das andere bekämpfen, und wo er auf dem besten Wege ist, uns zu erheben, da schadet er gar zu häufig dem schließlichen Eindruck dadurch, daß er sein von ihm zu lösendes Problem mit irritierender Hartnäckigkeit auf die Spitze stellt. Mit grausamer Wahrheit sucht er Alles bis auf den Grund zu erschöpfen und von keiner Erscheinung etwas von ihrem wahren

Wesen zu verhüllen. So werden wir beim Käthchen von Heilbronn aus dem Entzücken über die vollendetste Poesie emporgeschreckt durch die Peitsche des edeln Ritters von Strahl, so geht er in der Demaskierung Kunigundes viel weiter, als zu seinem poetischen Zwecke nötig und ersprießlich war. Und so führt er uns die Todesangst des Prinzen von Homburg vor, welche psychologisch wahr sein mag, aber den Helden eines Dramas um die Sympathien bringt. Dies ist einer der charakteristischsten Züge bei Kleist, daß er der rücksichtslosen Wahrheit Alles opfert. Die Extravaganzen in dieser Richtung bringen ihn dann wieder dazu, daß er vor dieser empfindlich berührenden Wirklichkeit in eine gewisse mystische Richtung flüchtet. So im Käthchen, so in seiner so meisterhaften Erzählung Michael Kohlhaas. In einem Monolog des Prinzen von Homburg, da er im Gefängnis sitzt, läßt er denselben über das Leben und das Jenseits philosophieren —:

> Zwar, eine Sonne — sagt man — scheint auch dort,
> Und über buntre Felder noch als hier:
> Ich glaubs, nur Schade, daß das Auge modert,
> Das diese Herrlichkeit erblicken soll.

Und denselben Helden, der uns durch solche Philosophie das Mark erschüttert, wie es nur Shakespeare vermochte, macht er zum Nachtwandler, der mit einer Mondscheinphantasie beginnt und ebenso endet.

Weniger als irgendwo kommt gerade in der „Hermannsschlacht" dieser Zwiespalt zum Ausdruck, weil hier der Dichter durch sein beleidigtes Vaterlandsgefühl auf eine ganz bestimmte Linie hingedrängt war, nach einem einzigen Ziele hinarbeitete, zu welchem wir ihm auf allen seinen Wegen, so seltsam sie auch manchmal zu oberflächlicher Anschauung erscheinen, zu folgen vermögen. Die Ausschweifungen darin sind freilich auch solche Überspannungen der Probleme, wie bei der Rache der Thusnelda, bei der Hinopferung des Septimius und beim Tode des Varus in der eigenwilligen Abweichung von der historischen Tradition. Hier aber erkennen wir trotzdem überall die strengen Konsequenzen, die der unerbittliche Dichter der Wahrheit aus dem einheitlichen Gedanken des ganzen Werkes zieht: Der überfeinerten und zur Fäulnis gelangten Kultur des Romanismus setzte er die gewaltige Naturkraft des germanischen „Barbarentums" und gleichzeitig dessen Mutterwitz entgegen. Dieser Gedanke ist am treffendsten in dem Stoßseufzer des Varus, kurz vor seinem Ende, ausgesprochen —:

> Da sinkt die große Weltherrschaft von Rom
> Vor eines Wilden Witz zusammen —! etc.

Jenes Ideal des Befreiers, zu welchem Hermann der deutschen Nation geworden ist, sehn wir freilich nicht in der Kleist'schen Dichtung, und bei der großen Menge mag diese Enttäuschung unvorteilhaft auf den Eindruck des Ganzen einwirken. Statt des biedern deutschen Recken und Bärenhäuters, welchem nebenbei die pomphafte Phrase über die Not des Vaterlandes geläufig ist, zeigt uns Kleist einen mit der römischen — will sagen französischen — Bildung hinlänglich vertrauten, entschlossenen aber auch verschlagenen Menschen, dessen Schlauheit glücklicherweise der seiner Feinde vollkommen gewachsen ist. Aber wie bei Kleist überall durch die Herbheit seines Wesens das tiefe Gefühl hindurchbricht, so sehn wir auch diesen Helden des Dramas, den wir vier Akte hindurch nur als den schlauen Fuchs kennen lernten, im Momente vor der Entscheidung, in der wahrhaft großartigen Szene am Eingange des Teutoburger Waldes, vor der Größe des Augenblicks ganz zum Gemütsmenschen werden. Wir haben kaum irgend etwas in der deutschen dramatischen Literatur, was mit der Großartigkeit dieses Momentes sich vergleichen ließe.

Solch ein Einblick in die ganze Tiefe des deutschen Gemütes war auch unbedingt nötig, uns mit der im Übrigen so gewagten Charakteristik des Helden zu versöhnen. Die ganze Art, mit welcher Hermann gegen die Römer verfährt, ist allerdings der historischen Situation entsprechend. Kleist hat auch nicht unterlassen, schon in der ersten Unterredung Hermanns mit den Fürsten darauf hinzuweisen, welcher Art allein die Kampfart sein könne, mit der man sich der fremden Bedrücker zu erwehren habe. In dem Satze namentlich:

> Wie wollt ihr doch mit diesem Heer des Varus —
> Euch messen etc.

ist der Punkt, auf den es ankommt, scharf beleuchtet. Daß aber eine solche Kampfesart nur unter ganz bestimmten Vorbedingungen — wie sie hier gegeben sind — geboten werden konnte, leuchtet ebenfalls ein, und ich habe schon darauf hingewiesen, wie die Ideen in der „Hermannsschlacht" in dem folgenden Drama des Dichters, das sein letztes war, gewissermaßen eine Ergänzung finden. Im „Prinzen von Homburg" zeigte er bereits das preußische Musterbild eines auf Ordnung, Disziplin und Gesetz gegründeten Staats- und Militärwesens. Hierdurch erhält die in der Hermannsschlacht verherrlichte Methode erst ihre rechte Bedeutung als der Akt verzweifelter Notwehr, über deren Berechtigung man nicht zweifelhaft sein kann, so lange jene vollendete militärische Organisation als Schutzwehr gegen feindliche Nachbarn nicht existierte. Im „Prinzen von Homburg" war daneben noch die Lehre gegeben — und das Beispiel Schills konnte dafür als lebendiges Analogon gelten, — daß für das Vaterland, für das geordnete Ganze des Staates jedes persönliche Gefühl, möge es noch so gerechtfertigt erscheinen, sich unterzuordnen habe. Das Gesetz, der Geist der Ordnung ist es, dessen Herrschaft und Autorität sich Alles beugen muß.

Trotz jener klar liegenden Unterscheidungen ist Kleist in der Hermannsschlacht in der Verfolgung des ganz richtigen Grundgedankens jedenfalls wieder weiter gegangen, als es mit der dem Helden doch nötigen Sympathie vereinbar war. In der vorliegenden Bühnenbearbeitung des Dramas habe ich es deshalb versucht, nach dieser Richtung hin überall zu mildern, ohne daß damit die Grundfarbe des ganzen Charakterbildes der verwischt werden durfte. Auch sind ein paar kleine Einschaltungen gemacht, durch welche neben jenen Zügen, in denen die Verschlagenheit Hermanns am stärksten hervortritt, nicht allein seine eigentliche Absicht schon klar hindurchleuchten, sondern auch die ganze Tiefe seiner Empfindung, seine ihn tief durchglühende Liebe fürs Vaterland, schon zum Ausdruck kommen soll.

Die bedeutendsten Änderungen, welche ebenfalls, um der dem Helden nötigen Sympathien des Publikumswillen, gemacht wurden, sind: der Wegfall jener Szene im 5. Akte, in welcher Hermann dem Septimius den Tod ankündigt, und das Ende des Varus. Wenn auch, was die erste Szene betrifft, der Dichter die Handlungsweise Hermanns hinlänglich motiviert hat, so reicht doch alle Logik in solchen Fällen nicht aus, das verletzte Gefühl zu beschwichtigen. Ein Gleiches gilt von der erwähnten Varus-Szene, wo die grausame Strenge der Logik um so weniger geboten war, als hier der Dichter in seiner Darstellung von der so allgemein bekannten historischen Tradition abweicht.

Schwerer als bei diesen Szenen ist mir ein Eingreifen in das Werk des Dichters bei jenem hervorragenden Momente geworden, der die Lösung des Konfliktes zwischen Thusnelda und Ventidius betrifft, obwohl gerade gegen jene Bären-Szene die kritischen Stimmen sich viel abweisender verhalten. Die Rache der Thusnelda, den falschen Römer von einer Bärin zerreißen zu lassen, ist freilich barbarisch, aber die Tat hat in gewissem Sinne ihre poetische Berechtigung. Thusneldas Rachewerk ist der wilde Aufsprung einer Löwin, welche — schon von einer Kugel getroffen — sich noch auf den grausamen Feind stürzt. Der Dichter, bei welchem auch in dieser Katastrophe das Herbe, Starre seines Wesens in bedeutungsvoller Weise sich geltend macht, war zwar auch in diesem Falle nicht durch einen geschichtlichen Vorgang zu der Szene hingewiesen; aber die Wandelung Thusneldas aus der naivsten Ursprünglichkeit und einfältigen Treuherzigkeit zur äußersten grausamsten Wut, ist psychologisch gerechtfertigt, und der Dichter folgte auch hierin wieder rücksichtslos dem Gebote der Wahrheit. Kleist hat sich selbst, wie Dahlmann uns berichtet, einmal sehr originell und sehr bezeichnend über den Charakter der Thusnelda also geäußert: „Sie ist im Grunde eine recht brave Frau, aber ein wenig einfältig, wie die Weiberchen sind, die sich von den französischen Manieren fangen lassen." Bei der großen Wahrhaftigkeit in dem Wesen dieses Weibes, das bei ihrer naiven Gläubigkeit durch die glatte Tücke des Römers um so tiefer und schmerzlicher verwundet wird, und das selbstverständlich von dem christlichen Gebote, dem Feinde zu vergeben, nichts weiß, stimmt dieser Akt der Rache auch sonst vollkommen zu der ganzen Idee der Dichtung; Thusneldas Verfahren ist die Empörung der durchaus unverfeinerten Naturkraft gegen die Unwahrhaftigkeit und das Raffinement der römischen „Zivilisation" und es liegt eine hohe Symbolik darin, daß der Dichter den deutschen Bären seine Klauen in das Fleisch des arglistigen Feindes schlagen läßt. Wie Hermann — nachdem er die eitle Frau so tief gedemütigt hat — sich gegen sie schonend verhält, um sie wieder zu sich zu erheben, ist wieder ein feiner und schöner Zug in der Dichtung. In der Tat trägt zu jener fürchterlichen Energie, mit welcher Thusnelda das Rachewerk ausführt, nicht wenig das Gefühl der Beschämung vor ihrem großen Gatten bei, und ihr Wunsch, an dem Römer und an sich selbst die Verirrung zu sühnen. Bei dieser Anschauung über die Katastrophe konnte ich mich nicht entschließen, sie in der Bearbeitung ganz zu tilgen, und ich beschränkte mich darauf, die schreckliche Szene selbst noch mehr in den Hintergrund zu drängen, als es Kleist getan.

Die wesentlichsten Auslassungen aus dem Original sind übrigens in den am Schlusse folgenden Anmerkungen ganz abgedruckt. Die sonstigen Veränderungen betreffen hie und da den Dialog, in welchem, abgesehn von einigen Kürzungen, gewisse gesucht moderne Ausdrücke entfernt und einige auffallend schwülstige Stellen umschrieben sind; das überaus große Personal ist in den Nebenfiguren nach Möglichkeit vereinfacht; der ganze szenische Bau des Stückes blieb unberührt, und nur in der Teilung der Akte ist die größere theatralische Wirkung berücksichtigt.

Es hat etwas sehr Bedenkliches, mit einem deutschen ‚Dichterwerke von so hohem Wert dergleichen Änderungen vorzunehmen. Der Verfasser kann aber mit gutem Gewissen sagen, daß nicht Anmaßung und nicht Unterschätzung der dichterischen Größe und Eigentümlichkeit, sondern vielmehr die innigste Liebe zu dem Werke ihm dazu den Mut verliehen hat. Es hat ihm dabei kein anderes Ziel vorgeschwebt, als: ein Werk, das der gesamten deutschen Nation zur Freude gereichen muß, von jenen Elementen zu befreien, die der verdienten allgemeinen Anerkennung desselben, namentlich auch seiner Verwertung für die Bühne, offenbar hindernd gewesen sind. Ob unser deutsches Theater überhaupt zu der Erkenntnis gelangen wird, daß wir in einem neuen Deutschland leben, und daß die Bühne stets der Zeit dienen und ihre Signatur tragen soll? Noch wollen wir hoffen, daß auch auf diesem Gebiete die Größe der Zeit nicht ohne Einwirkung bleibt, daß auch dort die Ziellosigkeit und Zerfahrenheit ein Ende nehme, die wir im großen politischen Leben, Dank der hohen geistigen Führung ungewöhnlicher Staatsmänner und Feldherrn, und Dank der beispiellosen Tapferkeit und Hingebung eines Volkes, überwunden haben. In dem Versuche, durch Vorführung eines solchen, aus wahrhaft nationalem Sinne hervorgegangenen und zu wenig gekannten Werkes auch nach dieser Richtung hin anregend und fördernd zu wirken, ist die Hofbühne derjenigen süddeutschen Residenz, von welcher die Initiative für die Herstellung des deutschen Kaiserreichs ausgegangen ist, schnell und freudig vorangegangen. In der Tat hat der greise Marbod der Dichtung in der Wirklichkeit der Ereignisse sich verjüngt zum hochherzigen echtdeutschen Baiernkönig!

In der großen Idee dieses Dramas hat der Dichter sich als prophetischer Geist gezeigt. Und wenn er am Schlusse, in dem Hinweis auf Paris, seinen Helden verkünden läßt, daß der Weltkreis keine Ruhe haben werde,

>   Als bis dies Raubnest ganz zerstört,
>   Und nichts als eine schwarze Fahne
>   Von seinem öden Trümmerhaufen weht —!

so war es nahe daran, daß auch dieses furchtbar große Bild zur Wirklichkeit wurde, nicht aber durch die Hände der schwer beleidigten „Barbaren", sondern durch eine viel furchtbarere Nemesis, wie sie in diesem erschütternden Ereignis, diesem Prozesse der Selbstverbrennung, sich gezeigt hat. Trotzdem mochte ich das Drama nicht mit dem grellen Mißton, nicht in der unheimlichen Beleuchtung dieser Voraussagung schließen, sondern fügte einige Verse hinzu, die das aussprechen sollen, was wir Deutsche ja als den herrlichsten Lohn aus den schweren Kämpfen errungen haben: Die Vereinigung der deutschen es Stämme, die uns fortan den Frieden sichern soll! Als Kleist keine Hoffnung hatte, daß sein Werk lebendig werden würde vor dem Volke, schrieb er ihm das Motto:

>   Wehe, mein Vaterland Dir! Die Leyer zum Ruhm Dir zu schlagen,
>   Ward, getreu Dir im Schooß, mir Deinem Dichter verwehrt!
>   Diese rührende Klage des Dichters ergänzend, können wir ihm jetzt antworten:
>   Größer, als Du's geträumt, in herrlicherer Vollendung,
>   Ward zur Wahrheit nunmehr Deutschlands Größe und Ruhm.
>   Sank auch mancher dahin von des Vaterlands treuesten Söhnen,
>   Ohne daß ihn im Tod Morgenrot tröstend umspielt.
>   So auch in nächtlicher Zeit, die Saiten der Leyer zerreißend,
>   Fielst Du, ein Märtyrer selbst, Deutschlands berufener Sohn;
>   Doch versöhnend nun soll des Vaterlands Glorie durchdringen
>   Auch das Dunkel der Gruft, mit paradiesischem Glanz!

Dresden, im Mai 1871.
Rudolph Genée.

DIE HERMANNSSCHLACHT

Personen:

HERMANN, Fürst der Cherusker.
THUSNELDA, seine Gemahlin.
RINOLD und ADELHARD, seine Kinder.
EGINHARDT, sein Rat.
LUITGAR, dessen Sohn.
MARBOD, Fürst der Sueven.
ATTARIN, sein Rat.
KOMAR, suevischer Hauptmann.
WOLF, Fürst der Katten.
THUISKOMAR, Fürst der Sikambrier.
DAGOBERT, Fürst der Marsen.
SELGAR, Fürst der Brukterer.
FUST, der Cimbernfürst. ⎱ deutsche Verbündete der
ARISTAN, der Ubierfürst. ⎰ Römer.
QUINTILIUS VARUS, römischer Feldherr.
VENTIDIUS, Legat von Rom.
SEPTIMIUS, römischer Anführer.
Erster und zweiter RÖMISCHER FELDHERR.
TEUTHOLD, ein Waffenschmied.
Ein Cheruskischer BOTE.
Erster und zweiter ÄLTESTER DER HORDE.
Erster und zweiter CHERUSKISCHER HAUPTMANN.
Eine ALRAUNE.
GERTRUD und BERTHA, der Thusnelda Frauen.
Ein DIENER DES VENTIDIUS.
Ein RÖMISCHER SOLDAT.
Ein SUEVISCHER HAUPTMANN.
Erstes und zweites WEIB.
Erstes und zweites JUNGES MÄDCHEN.
Römische, Cheruskische und Suevische KRIEGER.
VOLK.

Erster Akt.

Szene: Gegend im Wald, mit einer Jagdhütte.

1. Auftritt.

Wolf, Fürst der Katten, Thuiskomar, Fürst der Sikambrier, Dagobert Fürst der Marsen, Selgar, Fürst der Brukterer, und Andere *(treten mit Pfeil und Bogen auf).*

WOLF.
(Indem er sich auf den Boden wirft.)
Es ist umsonst, Thuskar, wir sind verloren!
Rom, dieser Riese, der, das Mittelmeer beschreitend,
Gleich dem Koloß von Rhodos, trotzig
Den Fuß auf Ost und Westen setzet,
Er wirft auch jetzt uns Deutsche in den Staub.
Gueltar, der Nervier, und Fust, der Fürst der Cimbern,
Erlagen dem Augustus schon;
Holm auch, der Friese, wehrt sich nur noch sterbend;
Der Ubierfürst Aristan, pflichtvergessen,
Hat ganz in Varus Arme sich geworfen,
Und Hermann der Cherusker endlich,
Zu dem wir als dem letzten Pfeiler uns
Im allgemeinen Sturz Germanias geflüchtet,
Ihr seht es, Freunde, wie er uns verhöhnt:
Statt die Legionen mutig aufzusuchen,
Führt er uns heitern Sinns in seine Forsten,
Daß wir den Ur besiegen und den Hirsch.

THUISKOMAR.
Und dennoch, meine Freunde, wanket nicht,
Bis die Verräterei des Varus ihm eröffnet.
Ein förmlicher Vertrag ward jüngst
Geschlossen zwischen mir und ihm:
Wenn ich dem Fürsten mich der Friesen nicht verbände,
So solle dem August mein Erbland heilig sein.
Trotz Allem ward mir Kunde eben jetzt:
Mein Erbland ist von Römern überflutet!
An Gründen fehlt's ihm nicht, um des Vertrags
So schändliche Verletzung zu bemänteln.
Doch wenn wir jetzt nicht fest zusammenhalten,
Ist unser Aller Untergang gewiß.
Erklärt Euch, Freunde, was zu tun Ihr denkt!

DAGOBERT.
Freund Thuiskomar! Ob ich dem Bündnis mich,
Das diese Fremdlinge aus Deutschland soll versagen,
Anschließen kann, ob nicht: darüber, weißt Du,

Entscheidet hier ein Wort aus Selgars Munde:
Den Landstrich am Gestad der Lippe, der
Mein Eigentum, soll er mir überlassen.

SELGAR.

Dein Eigentum! Sieh da! Mit welchem Rechte
Nennst Du, was mir verpfändet, Dein?
Eh' ich mich Deiner Ford'rung schwächlich füge,
Eh' will ich an den Römer selbst
Mein ganzes Reich mit Haus und Hof verlieren!

THUISKOMAR.

(Dazwischen tretend.)
O meine Freunde! Selgar! Dagobert!
(Man hört Hörner in der Ferne.)
Die Jagd ist aus; ich bitt' Euch, haltet Frieden!

WOLF.

(Indem er sich erhebt.)
O Deutschland, Weh! Es bricht der Wolf
In Deine Hürde ein, und Deine Hirten streiten
Um eine Handvoll Wolle sich.

2. Auftritt.

Thusnelda, den Ventidius aufführend. Ihr folgt Hermann und ein Gefolge von Jägern. Die Vorigen.

EIN CHERUSKER.

(Voraus.)
Hermann, der Fürst!

THUSNELDA.

Heil dem Ventidius Carbo! Römerritter!
Dem Sieger des gehörnten Urs!

HERMANN.

Ja wahrlich! Heil und Dank! Gegrüßt, Ihr Freunde!
Schaut hin! Dort schleppt man schon das Untier fort.

WOLF.

Der Auerochs, wie —? Und des Römers Eisen war's?

VENTIDIUS.

Ihr deutschen Herrn, der Ruhm gehört nicht mir!
Er kommt Thusnelden, kommt der Fürstin zu!
Ihr Pfeil, auf mehr denn hundert Schritte,
Warf mit der Macht des Donnerkeils ihn nieder,
Und Sieg! rief, wer den Fall des Tieres sah;
Der Ur hob plötzlich nur, mit pfeildurchbohrtem Nacken,
Noch einmal sich vom Sand empor:
Da traf von mir ein Wurf das Ungetüm.

THUSNELDA.
Du häufst, Ventidius, Siegsruhm auf die Scheitel,
Die Du davon entkleiden willst.
Das Tier, vom Pfeil gereizt, den ich entsendet,
Drang auf mich ein mit wuterfüllten Sätzen.
Und schon verloren glaubt' ich mich;
Da half Dein bessrer Schuß dem meinen nach
Und warf es völlig leblos vor mir nieder.

HERMANN.
(Abbrechend.)
Kurz, Heil ruf' ich Ventidius noch einmal,
Des Urs, des hornbewehrten, Sieger,
Und der Thusnelda Retter obenein!

THUSNELDA.
(Zu Hermann.)
Vergönnst Du, mein Gebieter, mir,
Nach Teutoburg nunmehr zurückzukehren?
(Sie gibt im Pfeil und Bogen weg.)

HERMANN.
(Wendet sich.)
Hella! die Pferd'!

VENTIDIUS.
(Zu Thusnelda.)
Darf ich in Teutoburg —

THUSNELDA.
Ich bitte Dich.

HERMANN.
Ventidius Carbo! Willst Du sie begleiten?

VENTIDIUS.
Mein Fürst! Du machst zum Sel'gen mich —.
(Er gibt Pfeil und Bogen gleichfalls weg; offiziös)
Wann wohl vergönnst Du,
Vor Deinem Thron, o Herr, in Ehrfurcht
Dir eine Botschaft des Augustus zu entdecken?

HERMANN.
Wann Du begehrst, Ventidius!

VENTIDIUS.
So werd' ich
Dir vor der Sonne Weggang noch erscheinen.

THUSNELDA.
Ihr Herrn, wir sehn uns doch beim Mahl?

DAGOBERT.
Zu Deinem Dienst, Erlauchte!

WOLF.
Wir werden gleich nach dem Gezelt Dir folgen.

HERMANN.
Wohlauf, Ihr Jäger! lass't das Horn dann schmettern
Und bringt sie im Triumph nach Teutoburg!
(Thusnelda, Ventidius und Gefolge ab.)

3. Auftritt.

Hermann, Wolf, Thuiskomar, Dagobert und Selgar
(lassen sich auf eine Rasenbank um einen steinernen Tisch nieder, der vor der Jagdhütte steht).

HERMANN.
Setzt Euch, Ihr Freunde! laßt den Becher
Zur Letzung jetzt der müden Glieder kreisen!
Das Jagen selbst ist weniger das Fest,
Als dieser heitre Augenblick,
Mit welchem sich das Fest der Jagd beschließet!
(Knaben bedienen ihn mit Wein.)

WOLF.
O, könnten wir beim Mahle bald
Ein andres, größ'res Siegsfest selig feiern!

THUISKOMAR.
Hast Du gehört, was mir geschehn?
Daß Varus treulos den Vertrag gebrochen
Und mir mein Land mit Römern überschwemmt?

HERMANN.
Ich hab' davon gehört, Thuiskar,
Ich sprach den Boten, der die Nachricht
Dir eben aus Sikambrien gebracht.

WOLF.
Was nun - was wird für Dich davon die Folge sein?
Marbod, der herrschens'gierge Suevenfürst,
Der, fern von den Sudeten kommend,
Die Oder rechts und links die Donau überschwemmt
Und seinem Zepter (so erklärt er)
Ganz Deutschland siegreich unterwerfen will:
Am Weserstrom, im Osten Deiner Staaten
Mit einem Heere steht er da,
Und den Tribut hat er Dir abgefordert.
Du weißt, wie oft Dir Varus schon
Zu Hilfe schelmisch die Kohorten bot.
Nur allzu klar ließ er die Absicht sehn,

Den Adler auch im Land Cheruskas aufzupflanzen.
Nun ist er bis zur Lippe vorgerückt;
Nun steht er mit drei Legionen
In Deines Landes Festen drohend da,
Und wenn er weitern Eingang von Dir fordert,
Du hast nicht mehr die Macht, es ihm zu wehren.

HERMANN.
Ja, Freund! davon kann kaum die Red' noch sein. —
Nach Allem, was geschehn ist, find' ich,
Läuft nun mit Varus' Vorteil ziemlich auch der meine;
Und wenn er noch darauf besteht,
So nehm' ich ihn in meinen Grenzen auf.

THUISKOMAR.
(Erstaunt.)
Du nimmst ihn — was?

DAGOBERT.
In Deines Landes Grenze? —

THUISKOMAR.
Warum?

SELGAR.
Weshalb? sag' an!

DAGOBERT.
Zu welchem Zweck?

HERMANN.
Mich gegen Marbod zu beschützen,
Der den Tribut mir trotzig abgefordert.

WOLF.
Dich gegen Marbod zu beschützen!
Und Du weißt nicht, Unseliger, daß er
Den Marbod tückisch gegen Dich erregt;
Daß er mit Geld und Waffen heimlich
Ihn unterstützt —?

HERMANN.
Ich bitt' Euch, Freunde, kümmert Euch
Um meine Wohlfahrt nicht! Bei Wodan, meinem hohen Herrn!
So weit im Kreise mir der Welt
Das Heer der munteren Gedanken reichet,
Erstreb' ich und bezweck' ich nichts,
Als jenem Römerkaiser zu erliegen.
Das aber möcht' ich gern mit Ruhm, Ihr Brüder,
Wie's einem deutschen Fürsten ziemt:
Und daß ich das vermöge, im ganzen, vollen Maße,
Wie sich' die freie Seele glorreich denkt —

Will ich allein stehn und mit Euch mich
(Die manch ein andrer Wunsch zur Seite lockend zieht)
In dieser wicht'gen Sache nicht verbinden.

      WOLF.
Nun, bei den Nornen! wenn Du sonst nichts willst,
Als dem August erliegen —
(Er lacht.)

      SELGAR.
— Man kann nicht sagen,
Daß hoch Arminius das Ziel sich steckt;

     THUISKOMAR.
Und warum, sprich, erkläre näher Dich,
Warum notwendig wir erliegen sollen?

      HERMANN.
Wie wollt Ihr doch, Ihr Herrn, mit diesem Heer des Varus
Euch messen — an einen Haufens Spitze,
Zusammen aus den Waldungen gelaufen,
Mit der Kohorte, der gegliederten,
Die, wo sie geht und steht, des Geistes sich erfreut?
Was habt Ihr, sagt doch selbst, das Vaterland zu schirmen,
Als nur die nackte Brust allein
Und Euren Morgenstern? Indessen Jene dort
Gerüstet mit der ehrnen Waffe kommen, —
Die ganze Kunst des Kriegs entfaltend,
In den vier Himmelstrichen ausgelernt.
Nein, Freunde, so gewiß der Bär dem schlanken Löwen
Im Kampf erliegt, so sicherlich
Erliegt Ihr in der Feldschlacht diesen Römern.

      WOLF.
Es scheint, Du hältst dies Volk des fruchtumblühten Latiens
Für ein Geschlecht von höh'rer Art,
Das auserwählt sei, Andre zu beherrschen?

      HERMANN.
Nicht ganz so ist's gemeint, versteht mich recht:
Wenn sich der Barden Lied erfüllt
Und unter einem Königszepter
Jemals die ganze Menschheit sich vereint
So läßt, daß es ein Deutscher führt, sich denken,
Ein Brit', ein Gallier, oder wer Ihr wollt;
Doch nimmer jener Latier, beim Himmel!
Der keine andre Volkesnatur
Verstehen kann und ehren als nur seine.
Doch bis die Völker sich, die diese Erd' umwogen,
Noch jetzt vom Sturm der Zeit gepeitscht
Gleich einer See, ins Gleichgewicht gestellt,

Kann es leicht sein, der Habicht rupft
Die Brut des Aars, die, noch nicht flügg',
Im stillen Wipfel einer Eiche ruht.

WOLF.

Mithin ergibst Du wirklich völlig Dich
In das Verhängnis — beugst den Nacken
Dem Joch, das dieser Römer bringt,
Ohn' auch ein Glied mir sträubend zu bewegen?

HERMANN.

Behüte Wodan mich! ergeben! seid Ihr toll?
Mein Alles, Haus und Hof, die gänzliche
Gesamtheit deß, was mein sonst war,
Als ein verlornes Gut in meiner Hand noch ist,
Das, Freunde, setz' ich dran, im Tode nur,
Wie König Porus, glorreich es zu lassen!
Ergeben! — Einen Krieg, bei Mana! will ich
Entflammen, der in Deutschland rasselnd
Gleich einem dürren Walde um sich greifen
Und auf zum Himmel lodernd schlagen soll!

THUISKOMAR.

Und gleichwohl — unbegreiflich bist Du, Vetter! —
Gleichwohl nährst keine Hoffnung Du,
In solchem tücht'gen Völkerstreit zu siegen?

HERMANN.

Wahrhaftig, nicht die mindeste Ihr Freunde,
Und meine ganze Sorge soll nur sein:
Wie ich nach meinem Zweck geschlagen werde.
Doch Schritt vor Schritt will ich das Land der großen Väter
Verlieren - über jeden Waldstrom schon im Voraus
Mir eine goldne Brücke baun,
In jeder Mordschlacht denken, wie ich in
Den letzten Winkel nur mich des Cheruskerlands
Zurückezieh'! und triumphieren, .
Wie nimmer Marius und Sulla triumphierten,
Wenn ich — nach einer runden Zahl von Jahren,
Versteht sich — im Schatten einer Wodanseiche
Auf einem Grenzstein mit den letzten Freunden
Den schönen Tod der Helden sterben kann.

DAGOBERT.

Nun denn, beim Styxfluß —

SELGAR.

Das gestehst Du, Vetter,
Auf diesem Weg nicht kommst Du eben weit.

DAGOBERT.

Gleich einem Löwen grimmig steht er auf,
Warum? Um wie ein Krebs zurückzugehn.

HERMANN.
Nicht weit? hm! —— Seht, das möcht' ich just nicht sagen.
Nach Rom — Ihr Herren, Dagobert und Selgar,
Wenn mir das Glück ein wenig günstig ist;
Und wenn nicht ich, wie ich fast zweifeln muß,
Der Enkel einer doch, der ungebornen!

WOLF.
(Umarmt ihn.)
Du Lieber, Wackrer, Göttlicher —
Wahrhaftig, Du gefällst mir. — Kommt, stoßt an!
Hermann soll, der Befreier Deutschlands, leben!

HERMANN.
(Sich losmachend.)
Kurz, wollt Ihr, wie ich schon einmal Euch sagte,
Zusammenraffen Weib und Kind
Und auf der Weser rechtes Ufer bringen,
Geschirre, gold' und silberne, die Ihr
Besitzet, schmelzen, Perlen und Juwelen
Verkaufen oder sie verpfänden,
Verheeren Eure Fluren, Eure Herden
Erschlagen, Eure Plätze niederbrennen,
So bin ich Euer Mann —

WOLF.
Wie? Was?

HERMANN.
Wo nicht —

THUISKOMAR.
Die eignen Fluren sollen wir verheeren?

DAGOBERT.
Die Herden töten?

SELGAR.
Unsre Plätze niederbrennen?

HERMANN.
Nicht? nicht? Ihr wollt es nicht?

THUISKOMAR.
Das eben, Reisender, das ist es ja,
Was wir in diesem Krieg verteidgen wollen!

HERMANN.
(Abbrechend.)
Nun denn, ich glaubte, Eure Freiheit wär's.
(Er steht auf.)

THUISKOMAR.
Was? — Allerdings. Die Freiheit —

HERMANN.
Ihr vergebt mir!

DAGOBERT.
Laß Dir bedeuten, Hermann!

HERMANN.
(In die Szene rufend.)
Horst! die Pferde!

SELGAR.
(Ebenso.)
Einen Augenblick! Hör' an! Du mißverstehst uns!
(Die Fürsten brechen sämtlich auf.)

HERMANN.
Ihr Herrn, zur Mittagstafel sehn wir uns.
(Er geht ab; Hörnermusik.)

WOLF.
O Deutschland! Vaterland! Wer rettet Dich,
Wenn es ein Held wie Siegmars Sohn nicht tut!
(Alle ab.)

Verwandlung
Szene: Teutoburg. Das Innere eines Fürstenzeltes.

4. Auftritt.

Hermann kommt herein mit Ventidius.

HERMANN.
(Bedeutet dem Legaten höflich, näher zu treten.)
So laß mich hier das Weitere erwägen.
Denn, daß ich's nur gesteh' Ventidius, Deine Botschaft
Erfreut mich und — macht mich bestürzt zugleich.
— Augustus, sagst Du, beut zum dritten Mal
Mir seine Hilfe gegen Marbod an.

VENTIDIUS.
Ja, mein erlauchter Herr! Die drei Legionen,
Die in Sikambrien am Strom der Lippe stehn,
Betrachte sie wie Dein! Ihr Feldherr Varus harrt
Nur Deines Winkes, um hier einzurücken.
Drei Tage, mehr bedarf es nicht, so steht er
Dem Marbod an der Weser gegenüber
Und zahlt, vorn an der Pfeile Spitzen,
Ihm den Tribut, den er Dir abgefordert.

HERMANN.
Freund, Dir ist selbst bekannt, wie manchem Drangsal
Ein Land ist heillos preisgestellt,
Das einen Heereszug erdulden muß.

VENTIDIUS.
Und dennoch ist's ein nur geringes Übel,
Wenn — wie Dir Deine Weisheit sagen muß —
In dieser Lage keine Wahl Dir bleibt; erwäge,
Daß dieses Sueven Macht im Reich Germaniens
Zu ungeheuer anwuchs; daß Augustus
Die Oberherrschaft Keinem gönnen kann,
Der, auf ein Heer, wie Marbod, trotzend,
Sich selbst sie nur verdanken will; ja, wenn
Er je ein Oberhaupt der Deutschen anerkennt,
Ein Fürst es sein muß, das begreifst Du,
Den er durch einen Schritt, verhängnisvoll wie dieser
Auf immer seinem Thron verbinden kann.

HERMANN.
(Nach einer kurzen Pause.)
Wenn Du die Aussicht mir eröffnen könntest,
Ventidius, daß mir
Die höchste Herrschgewalt in Deutschland zugedacht,
So würd' Augustus, das versichr' ich Dich,
Den wärmsten Freund an mir erhalten, —
Denn dieses Ziel, das darf ich Dir gestehn,
Reizt meinen Ehrgeiz, und mit Neid
Geh' ich den Marbod ihm entgegeneilen.

VENTIDIUS.
Mein Fürst! das ist kein Zweifel mehr.
Glaub' nicht, was Meuterei hier ausgesprengt,
Es werd' ein Neffe des August, ist's erst erobert,
In Deutschland als Präfekt sich niederlassen;
Und wenngleich Scipio, Agricola, Licin,
In Deutschland die Gebiete jetzt verwalten:
Ein Deutscher kann das Ganze nur beherrschen!
Und steht das fest, nun, so entscheide selbst:
Wer kann es sein, o Herr, als Der allein,
Durch dessen Hilfe uns ersprießlich
Sich solch ein Herrschamt allererst errichtet?

HERMANN.
Nun denn, Legat der römischen Cäsaren,
So werf' ich, — was auch säum' — ich länger?
Mit Thron und Reich in Deine Arme mich!
Laß Varus kommen mit den Legionen!
Ich will fortan auf Schutz und Trutz
Mich wider König Marbod ihm verbinden.

VENTIDIUS.
Nun, bei den Uraniden! dieser Tag,
Er ist der schönste meines Lebens!
Ich eile, dem August Dein Wort zu melden.
— Wann darf Quintilius die Lippe überschreiten?

HERMANN.
Wann es sein Vorteil will.

VENTIDIUS.
Wohlan, so wirst Du
Ihn morgen schon in Teutoburg begrüßen.
Vergönne, daß ich die Minute nütze.

HERMANN.
(Verabschiedet ihn und geht nach der linken Seite ab.)

5. Auftritt.

Ventidius. Sein Diener.

VENTIDIUS.
(Öffnet den Mittelvorhang und ruft.)
Scipio!
(Für sich.)
Vielleicht, daß mit der wicht'gen Botschaft ich
Noch einen andern Sieg verkünden kann?

DER DIENER.
(Des Ventidius tritt ein.)
Willst Du den Boten, Herr? Er steht bereit.

VENTIDIUS.
Er mag sogleich zur Reise fertig sein;
Doch eh' ich an Augustus ihn kann senden,
Liegt ein Geschäft hier noch für Livia,
Die Kaiserin, mir ob. Er harre draußen.
(Der Diener geht.)

6. Auftritt.

Thusnelda. Ventidius.

THUSNELDA.
(Tritt von der Seite, wo Hermann abging, herein.)
Ha, der Legat!

VENTIDIUS.
(Für sich.)
Die Fürstin ist's, Thusnelda!
So bleibe, Glück, auch ferner noch mir hold! —
(Zu Thusnelda.)

Von Deiner Lippe hört' ich gern,
Wie Du die Nacht nach jenem Schreck, der gestern
Dein junges Herz erschütterte, geschlummert.

THUSNELDA.
Nicht eben gut, Ventidius. Mein Gemüt
War von der Jagd noch ganz des wilden Urs erfüllt.
Vom Bogen sandt' ich tausendmal den Pfeil,
— Und immerfort sah ich das Tier
Mit eingestemmten Hörnern auf mich stürzen.
Ein fürchterlicher Tod, Ventidius,
Solch einem Ungetier erliegen
Arminius sagte scherzend heut,
Ich hätte durch die ganze Nacht
Ventidius! Ventidius! gerufen.

VENTIDIUS.
(Läßt sich leidenschaftlich vor ihr nieder und ergreift ihre Hand.)
Wie selig bin ich, Königin,
Dir ein Gefühl entlockt zu haben!
Was für ein Strahl der Wonne strömt,
Mir unerträglich alle Glieder lähmend,
Durch den entzückten Busen hin,
Sagt mir Dein süßer Mund, daß Du bei dem Gedanken
An mich empfindest — wär's auch die unscheinbare
Empfindung nur des Danks, verehrte Frau,
Die jedem Glücklichen geworden wäre,
Der als ein Retter Dir zur Seite stand!

THUSNELDA.
Ventidius! Was willst Du mir? Steh' auf!

VENTIDIUS.
Nicht eh'r, Vergötterte, als bis Du meiner Brust
Ein Zeichen Deiner Güte hast verehrt!
Sei es das Mindeste, was Sinne greifen mögen,
Das Herz gestaltet es zum Größesten.
Laß' es den Strauß hier sein, der Deinen Busen ziert,
hier diese Schleife, diese goldne Locke —
Ja, .Königin, eine Locke laß' es sein!

THUSNELDA.
Ich glaub; Du schwärmst. Du weißt nicht, wo Du bist.

VENTIDIUS.
Gib eine Locke, Abgott meiner Seele,
Von diesem Haupthaar mir, das von der Juno Scheiteln
In üppigeren Wogen nicht zur Ferse wallt!
Sieh, dem Arminius gönn' ich Alles;
Das ganze duftende Gefäß von Seligkeiten,
Das ich in meinen Armen zitternd halte,
Sein ist's; ich gönn' es ihm: es möge sein verbleiben;
Die einz'ge Locke fleh' ich nur für mich!

THUSNELDA.
Ventidius, soll ich meine Frauen rufen?

VENTIDIUS.
Und müßt' ich so in Anbetung gestreckt
Zu Deinen Füßen flehend liegen,
Von diesem Platz entweichen werd' ich nicht,
Bis jener Wunsch, den meine Seele,
Gewagt hat Dir zu nennen, mir erfüllt.
(Thusnelda steht auf und sieht ihn an. Ventidius läßt sie betreten los und erhebt sich. Thusnelda geht und zieht die Glocke.)

7. Auftritt.

Gertrud mit Bertha *(treten auf)*. Die Vorigen.

THUSNELDA.
Gertrud; wo bleibst Du? Ich rief nach meinen Kindern.

GERTRUD.
Sie sind im Vorgemach.
(Sie wollen Beide ab.)

THUSNELDA.
Wart! einen Augenblick!
Gertrud, Du bleibst! — Du, Bertha, kannst sie holen.
(Bertha ab.)

8. Auftritt.

Thusnelda *(setzt sich wieder nieder, ergreift die Laute und tut einige Griffe darauf.)* Ventidius *(läßt sich hinter ihr auf einem Sessel nieder)*. Gertrud.
(Pause.)

THUSNELDA.
(Spielt und singt.)
Ein Knabe sah den Mondenschein
In eines Teiches Becken;
Er faßte mit der Hand hinein,
Den Schimmer einzustecken;
Da trübte sich des Wassers Rand,
Das glänz'ge Mondesbild verschwand,
Und seine Hand war —

VENTIDIUS.
(Steht auf. Er hat währenddessen unbemerkt eine Locke von Thusneldas Haar geschnitten, wendet sich ab und drückt sie leidenschaftlich an seine Lippen).

THUSNELDA.
(Hält inne.)
Was hast Du?

VENTIDIUS.
(Entzückt.)
— Was ich um das Gold der Ufern,
Die Seide Persiens, die Perlen von Korinth,
Um Alles, was die Römerwaffen
Je in dem Kreis der Welt erbeuteten, nicht lasse.

THUSNELDA.
Ich glaub', Du treibst die Dreistigkeit so weit
Und nahmst mir —
(Sie legt die Laute weg).

VENTIDIUS.
Nichts, nichts als diese Locke!
Doch selbst der Tod nicht trennt mich mehr von ihr.
(Er beugt ehrfurchtsvoll ein Knie vor ihr und geht ab.)

THUSNELDA.
(Steht auf.)
Ventidius Carbo! Du beleidigst mich! —
Gib sie mir her, sag' ich! — Ventidius Carbo!

9. Auftritt.

Hermann. *(Hinter ihm)* Eginhardt. Thusnelda.

HERMANN.
Was gibt´s, mein Thuschen? was erhitzt Dich so?

THUSNELDA.
(Erzürnt.)
Nein, dies ist unerträglich, Hermann!

HERMANN.
Was hast Du? sprich! was ist geschehn, mein Kind?

THUSNELDA.
Ich bitte Dich, verschone fürder
Mit den Besuchen dieses Römers mich!
Du wirfst dem Wallfisch; wie das Sprichwort sagt,
Zum Spielen eine Tonne vor;
Doch wenn Du irgend Dich auf off'nem Meere noch
Erhalten kannst, so bitt' ich Dich,
Laß' es was Anders als Thusnelden sein.

HERMANN.
Was wollt' er Dir, mein Herz? sag an!

THUSNELDA.
Er kam und hat mit einer Leidenschaft,
Die wirklich alle Schranken niederwarf,
Gestreckt auf Knien, wie ein Glücklicher,
um eine Locke mich ——

HERMANN.
Du gabst sie ihm?

THUSNELDA.
Ich — ihm die Locke geben!

HERMANN.
Was? nicht? nicht?

THUSNELDA.
Ich weigerte die Locke ihm. Ich sagte .
Ihn hätte Wahnsinn, Schwärmerei ergriffen,
Erinnert' ihn, an welchem Platz er wäre —

HERMANN.
Da kam er her und schnitt die Locke ab?

THUSNELDA.
Ja, in der Tat! Es scheint, Du denkst, ich scherze.
Inzwischen ich auf jenem Sessel mir
Ein Lied zur Zither sang, lös't er,
Mit welchem Werkzeug weiß ich nicht bis jetzt,
Mir eine Locke heimlich von der Scheitel,
Und gleich als hätt' er sie, der Törichte,
Von meiner Gunst davongetragen,
Drückt' er sie glühend vor Entzücken an die Lippen
Und ging mit Schritten des Triumphes,
Als Du erschienst, mit seiner Beut' hinweg.

HERMANN.
(Mit Humor.)
Nun denn, so wollen wir uns glücklich preisen,
Daß er die andern Dir gelassen hat.

THUSNELDA.
Wie? was? Wir wären glücklich —

HERMANN.
Ja, beim Himmel!
Käm' er daher mit seinen Leuten,
Die Scheitel völlig kahl Dir abzuscheren:
Ein Schelm bin ich, wenn ich's ihm wehren kann.

THUSNELDA
(Zuckt die Achseln.)
— Ich weiß nicht, was ich von Dir denken soll.

HERMANN.
Bei Gott, ich auch nicht. Varus rückt
Mit den Kohorten morgen bei mir ein. —

THUSNELDA
(Streng.)
Armin, Du hörst, ich wiederhol' es Dir,
Wenn irgend Dir Dein Weib was wert ist,
So nötigst Du mich nicht, das Herz des Jünglings ferner
Mit falschen Zärtlichkeiten zu entflammen.
Bekämpf ihn, wenn Du willst, mit Waffen des Betrugs
Da, wo er mit Betrug Dich angreift;
Doch hier, wo gänzlich unbesonnen
Sein junges Herz sich Dir entfaltet,
Hier wünsch' ich lebhaft, muß ich Dir gestehn,
Das; Du auf off'ne Weise ihm begegnest.
Sag' ihm mit einem Wort, bestimmt, doch ungehässig,
Daß seine kaiserliche Sendung
An Dich und nicht an Deine Gattin sei gerichtet.

HERMANN.
(Sieht sie an.)
Entflammen? Wessen Herz? Ventidius Carbos?
Thuschen, sieh mich mal an! — Bei unsrer Hertha!
Ich glaub', Du. bildst Dir ein, Ventidius liebt Dich?

THUSNELDA.
Ob er mich liebt?

HERMANN.
Nein, sprich im Ernst, das glaubst Du?
So, was ein Deutscher lieben nennt,
Mit Ehrfurcht und mit Sehnsucht, wie ich Dich?

THUSNELDA.
Gewiß, glaub' mir, ich fühl's, und fühl's mit Schmerz,
Daß ich den Irrtum leider selbst,
Der dieses Jünglings Herz ergriff, verschuldet,
Und wenn Du das Geschäft, ihn offen zu enttäuschen,
Nicht übernehmen willst, wohlan:
Bei unsrer nächsten Zwiesprach werd' ich's selbst.

HERMANN.
Nun ich versichre Dich, mein gläub'ges Weib,
Ich liebe meinen Hund mehr, als er Dich.
Du machst, beim Styx, Dir überflüss'ge Sorge.
Ich zweifle nicht, o ja, wenn ihn Dein schöner Mund
Um einen Dienst ersucht, er tut ihn Dir;
Doch wenn er die Orange ausgesaugt,
Die Schale, Herzchen, wirft er auf den Schutt.

THUSNELDA.
(Empfindlich.)
Dich macht, ich seh', Dein Römerhaß ganz blind.
Weil als dämonenartig Dir
Das Ganz' erscheint, so kannst Du Dir
Als sittlich nicht den Einzelnen gedenken.

HERMANN.
Meinst Du? Wohlan, wer Recht hat, wird sich zeigen!
Wie er die Lock, auf welche Weise
Gebrauchen will, das weiß ich nicht;
Doch sie im Stillen an den Mund zu drücken,
Das, kannst Du sicher glauben, ist es nicht.
— Doch, Thuschen, willst Du jetzt allein mich lassen?

THUSNELDA.
O ja. Sehr gern.

HERMANN.
Du bist mir doch nicht bös?

THUSNELDA.
Nein, nein! Versprich mir nur, für immer mich
Mit diesem Toren aus dem Spiel zu lassen!

HERMANN.
Topp! meine Hand drauf! In drei Tagen
Soll sein Besuch Dir nicht zur Last mehr fallen!
(Thusnelda und Gertrud ab.)

10. Auftritt.

Hermann und Eginhardt.

HERMANN.
Hast Du mir den geheimen Boten
An Marbod, Fürst von Suevien, besorgt?

EGINHARDT.
Ich habe für den wicht'gen Dienst, o Herr,
Den Zuverlässigsten Dir auserwählt,
Den ich nur weiß: Es ist mein eigner Sohn.

HERMANN.
(Reicht ihm die Hand.)
Wohl, Eginhardt, daran erkenn' ich Deine Treue;
Doch nicht für mich nehm' ich den Dienst in Anspruch:
Es gilt für unser heil'ges Vaterland!
Und hofft der Römer schlau uns zu umstricken,
Der deutsche Bär soll ihm noch schrecklich sein!

(Der Vorhang fällt.)

Zweiter Akt.

Szene: Platz vor einem Hügel, aus welchem das Zelt Hermanns steht. Zur Seite eine Eiche, unter welcher Tigerfeile ausgebreitet sind. Im Hintergrunde Wohnungen der Horde.

1. Auftritt.

Hermann, Eginhardt, Luitgar *(kommen von der Seite vor dem Zelt).*

HERMANN.
Hier sind wir sichrer noch vor jedem Horcher,
Als drinnen in dem Zelt. Nun höre Luitgar.
Du bist entschlossen, sagt Dein Vater mir,
Zum Suevenfürsten Marbod eine Botschaft
Zu bringen, heimlich und in größter Eile?

LUITGAR.
Ich bin's, mein hoher Herr.

HERMANN.
Wohl denn, so laß' mich,
Indem ich diese Schrift Dir anvertraue,
(Gibt ihm eine verschlossene Rolle.)
Von ihrer Wichtigkeit Dich unterrichten.
Augustus hat das Angebot der Legionen,
Die Varus führt zum Schutze wider Marbod,
Zum dritten Mal mir heute wiederholt.
Gründe von zwingender Gewalt bestimmten mich,
Die Truppen länger nicht mehr abzulehnen;
Sie rücken morgen in Cheruska ein
Und werden in drei Tagen schon
Am Weserstrom ins Angesicht ihm sehn.
Varus will schon am Idus des August
(Also am Tag nach unserem
Hochheil´gen Nornentag, — das merk' Dir wohl!)
Mit seinem Römerheer die Weser überschiffen,
Und Hermann wird, auf einen Marsch,
Mit dem Cheruskerheer zu gleichem Zweck ihm folgen.
An dem Alraunentag, Luitgar,
(Also am Tag vor unserm Nornentag)
Brech´ ich von Teutoburg mit meinen Scharen auf.
Jenseits der Weser wollen wir
Vereint auf Marbods Haufen plötzlich fallen;
Und wenn wir ihn erdrückt (wie kaum zu zweifeln steht),
Soll mir, nach dem Versprechen des August,
Die Oberherrschaft in Germanien werden.

LUITGAR.
Ich fass', o Herr, Dich und bewundre
Schon im Voraus, was noch erfolgen wird.

HERMANN.
Ich weiß inzwischen, daß Augustus sonst
Mit gleicher Aussicht Marbod schon geschmeichelt.
Mir ist von guter Hand bekannt,
Daß Varus heimlich ihn mit Geld
Und Waffen selbst versehn, mich auf dem Feld zu schlagen.
Das Schicksal Deutschlands lehrt nur allzu deutlich mich,
Daß des Augustus letzte Absicht sei,
Uns Beide, mich wie ihn, zu Grund zu richten,
Und wenn Er, Marbod, wird vernichtet sein,
Wird an Arminius die Reihe kommen.

LUITGAR.
Du kennst, ich seh', die Zeit, wie Wenige.

HERMANN.
Da ich nun, — soll ich einen Oberherrn erkennen, —
Weit lieber einem Deutschen mich
Als einem Römer unterwerfen will,
Von allen Fürsten Deutschlands aber ihm,
Marbod, um seiner Macht und seines Edelmuts,
Der Thron am Unzweideutigsten gebührt:
So unterwerf' ich mich hiermit demselben
Als meinem Herrn und hohen König
Und zahl' ihm den Tribut, Luitgar, den er
Durch einen Herold jüngst mir abgefordert.

LUITGAR.
(Betreten.)
Wie, mein erlauchter Herr! Hört' ich auch recht?
Du unterwirfst —? Ich bitte Dich, mein Vater!
(Eginhardt winkt ihm ehrfurchtsvoll zu schweigen.)

HERMANN.
Dagegen, hoff ich, übernimmt nun er
Als Deutschlands Oberherrscher die Verpflichtung,
Das Vaterland von dem Tyrannenvolk zu säubern.
Er wird den Römeradler länger nicht
Um einen Tag, steht es in seiner Macht,
Auf Hermanns, seines Knechtes, Gefilden dulden.
Und da der Augenblick sich eben günstig zeigt,
Dem Varus, eh der Mond noch wechselte,
Das Grab in dem Cheruskerland zu graben,
So wag' ich es sogleich, dazu
In Ehrfurcht ihm den Kriegsplan vorzulegen.

EGINHARDT.
Jetzt merk' wohl auf, Luitgar,
Und laß' kein Wort Arminius' Dir entschlüpfen!

LUITGAR.
Mein Vater! meine Brust ist Erz
Und ein Demantengriffel seine Rede.

HERMANN.
Der Plan ist einfach und begreift sich leicht.
Varus kommt in der Nacht der düsteren Alraunen
Im Teutoburger Walde an,
Der zwischen mir liegt und der Weser Strom.
Er denkt am folgenden, dem Tag der letzten Nornen,
Des Stroms Gestade völlig zu erreichen,
Um an dem Idus des August
Mit seinem Heer darüber hin zu gehn.
Nun aber überschifft am Tag schon der Alraunen
Marbod der Weser Strom und rückt
Ihm bis zum Wald von Teutoburg entgegen.
Am gleichen Tag brech' ich, dem Heer des Varus folgend,
Aus meinem Lager auf und rücke
Von hinten ihm zu diesem Walde nach.
Wenn nun der Tag der Nornen purpurn
Des Varus Zelt bescheint, so, siehst Du, Freund Luitgar,
Ist ihm der Lebensfaden schon durchschnitten;
Denn nun fällt Marbod ihn von vorn,
Von hinten ich ihn grimmig an,
Erdrückt wird er von unsrer Doppelmacht,
Und keine andre Sorge bleibt uns
Als die nur, eine Handvoll Römer zu verschonen,
Die von dem Fall der Übrigen
Die Todespost an den Augustus bringen.
— Ich denk', der Plan ist gut. Was meinst Du, Luitgar?

LUITGAR.
O Hermann! Wodan hat ihn selbst Dir zugeflüstert!
Sieh, wenn Du den Cheruskern ihn wirst nennen,
Sie werden, was sie nimmer tun,
Sieg! vor dem ersten Keulenschlag schon rufen!

HERMANN.
Wohlan! in dem Vertraun jetzt, das ich hege,
Auch Marbod werde diesen Plan
Nach seiner höhren Weisheit billigen,
Nimmt er für mich die Kraft nun des Gesetzes an.
An dem Alraunentag rück' ich nunmehr so fehllos,
Als wär' es ein Gebot, aus meinem Lager auf
Und steh' am Nornentag vorm Teutoburger Wald.
Ihm aber — überlaß' ich es in Ehrfurcht,
Nach dem Entwurf das Seinige zu tun.
— Hast Du verstanden?

LUITGAR.
Wohl, erlauchter Herr!

HERMANN.
Sobald wir über Varus' Leiche uns
Begegnen — beuge ich ein Knie vor ihm
Und harre seines weiteren Befehls.
— Weißt Du noch sonst was, Eginhardt?

EGINHARDT.
Nichts, mein Gebieter.

HERMANN.
Oder Du, Luitgar?

LUITGAR.
Mein Fürst, die Wahrheit Dir zu sagen: Ja,
Nur die Besorgnis; hält mich noch zurück,
Daß Marbod hier aus dieser kleinen Rolle
Nicht Deines Herzens Größe ganz erkennt,
Daß er so Großes, so Entscheidendes
Nicht auf die bloße Schrift wird wagen wollen.

HERMANN.
Sehr wohl hast Du's erwogen, so vernimm!
Du, Eginhardt, vertraust mir Deinen Sohn:
Ich will Dich in dem Opfer überbieten
Und wage meine beiden Söhne dran!

EGINHARDT.
Wie, Herr!

HERMANN.
Mit diesem Schreiben, Luitgar
Nimm diesen Dolch, und mit dem Dolche wirst Du
Zugleich auch meine beiden blonden Jungen,
Rinold und Adelhard, dem Marbod übergeben,
Damit der Suevenfürst mir Glauben schenke.
Wenn er erkennt, daß ich nicht wahrhaft bin,
So soll er diesen Dolch sofort ergreifen,
und meine Knaben töten.

EGINHARDT.
Mein Fürst, Du wolltest —!

LUITGAR.
Kann es anders nicht —?

HERMANN.
Genug, es ist beschlossen, willst Du, Luitgar,
In solcher Weise noch mein Bote sein?

LUITGAR.
Ich will's, mein Fürst! und nur der Tod verhindert,
Daß Marbod morgen Deine Absicht kennt.

HERMANN.
So geh' ins Zelt. Begleit' ihn, Eginhardt;
Denn meine Knaben sind zur Reise fertig.
(Wendet sich nach dem Hügel. Luitgar und Eginhardt gehen ins Zelt.)

2. Auftritt.

Hermann. Zwei Älteste der Horde.

HERMANN.
(Schaut in die Ferne.)
Das muß die Richtung sein, wo jetzt der Rauch
In dunkler Masse auf zum Himmel steigt.

ZWEI ÄLTESTE.
(Der Horde kommend.)

HERMANN.
Ist das Thuiskon, das jetzt Feuer fing?

ERSTER ÄLTESTER.
Zur Rechten meinst Du? das ist Helakon.

HERMANN.
Was! Helakon! das liegt in Asche schon.
Ich meine, was jetzt eben Feuer griff?

ERSTER ÄLTESTER.
Ganz recht! das ist Thuiskon, mein Gebieter!
Die Flamme schlägt jetzt übern Wald empor. —
(Pause.)

HERMANN.
Auf diesem Wege ziehn die Legionen,
Die Varus in das Land mit führt, heran.
(Indem er vom Hügel herabschreitet).
Man soll aufs Beste, will ich, sie empfangen.
An Nahrung weder soll es ihnen fehlen,
Noch auch an Met, an Fellen für die Nacht,
Noch auch an jeder Art von Höflichkeit;
Denn meine guten Freunde sind's,
Mir von August gesandt, Cheruska zu beschirmen,
Und das Gesetz der Dankbarkeit erfordert,
Nichts, was sie mir verbinden kann. zu sparen.

ZWEITER ÄLTESTER.
Was Dein getreuer Lagerplatz besitzt,
Das, zweifle nicht, wird er den Römern geben.

ERSTER ÄLTESTER.
Warum auch soll er warten, bis man's nimmt?
Genug der Frevel sah ich heute schon.

Drei Deiner schönsten Plätze sind geplündert,
Entfloh'n die Horden, Hütten und Gezelte
Den Flammen preisgegeben.

HERMANN.
(Für sich.)
Nur so fort!
(Zum Ältesten.)
Geh', Siegrest, geh', verbreite überall,
Was Du schon weißt, — und auch ein wenig mehr.

ERSTER ÄLTESTER.
Da kommt schon neue Kunde.
(Geht weiter.)

3. Auftritt.

Zwei Hauptleute *(nacheinander)*. Die Vorigen.

DER ERSTE HAUPTMANN.
Mein Fürst, man schickt von Herthakon mich her,
Dir eine gräßliche Begebenheit zu melden!
Ein Römer ist in diesem armen Ort
Mit einer Wöchnerin in Streit geraten
Und hat, da sie den Vater rufen wollte,
Das Kind, das sie am Busen trug, ergriffen,
Und gräßlich ihm den Schädel eingeschlagen!
Die Feldherrn, denen man die Tat gemeldet,
Die Achseln haben sie gezuckt, des Kindes Leiche
In eine Grube heimlich werfen lassen.

HERMANN.
Geh! fleuch! verbreit' es in dem Platz, Govin!
Sag auch der Vater wäre umgebracht!

DER ZWEITE HAUPTMANN
(Tritt auf.)
Mein Fürst, Du mußt, wenn Du die Gnade haben willst,
Verzugslos Dich nach Helakon verfügen.
Die Römer fällten dort — man sagt mir: aus Versehen —
Der tausendjährigen Eichen eine,
Dem Wodan in dem Hain der Zukunft heilig.
Ganz Helakon hierauf, Thuiskon, Herthakon
Und Alles, was den Kreis bewohnt,
Mit Spieß und Schwert stand auf, die Götter zu verteid'gen.
Den Aufruhr rasch zu dämpfen, steckten
Die Römer alle Lager an.

HERMANN.
Man sagte auch,
Die Römer hätten die Gefangenen gezwungen,
Zeus, ihren Greu´lgott kniend zu verehren.

DER ZWEITE HAUPTMANN.
Nein, mein Gebieter, davon weiß ich nichts.

HERMANN.
Doch ist es so gewiß! drum sag's nur weiter.
(Die Hauptleute und Ältesten gehn in lebhafter Unterredung weiter.)

4. Auftritt.

Hermann. Eginhardt.

EGINHARDT.
Nun sind sie auf dem Wege schon.

HERMANN.
Wer, sagst Du?

EGINHARDT.
Mein Sohn, Herr, mit den Knaben.

HERMANN.
Nun so möge
Denn Wodan ihre Schritte hüten! Unterdes
Wird hier den Römern schon geschürt das Feuer.
Geh', forsche, Eginhardt, wo das Geringste
Von Unordnungen zu entdecken ist.
Und sorge, daß ein jedes Fünkchen,
Das zu erspäh'n ist, angeblasen sei.
Daß nichts geschehe, was das Unheil mindre;
Nein, daß vielmehr es wachse, aller Orten!

EGINHARDT.
(Geht.)

5. Auftritt.

Thusnelda *(tritt aus dem Zelt)*. Hermann.

HERMANN.
(Heiter.)
Ei, Thuschen! sieh! mein Stern! Was bringst Du mir?
(Er sieht wieder mit Vorgeschützter Hand in die Ferne hinaus.)

THUSNELDA.
Ei nun! die Römer, sagt man, ziehen ein;
Die muß Armininus' Frau doch auch begrüßen.

HERMANN.
Gewiß, gewiß! so will's die Artigkeit.
Doch weit sind sie im Felde noch;
Komm her und laß den Zug heran uns plaudern!
(Er winkt ihr, sich unter der Eiche niederzulassen).

THUSNELDA.
(Den Sitz betrachtend.)
Der Sybarit, sieh da, mit feinen Polstern!
Schämst Du Dich nicht? — Wer traf die Anstalt hier?
(Sie setzt sich nieder.)

HERMANN.
Ja, Kind! die Zeiten, weißt Du, sind entartet. —
Holla, schafft Wein mir her, Ihr Knaben,
Damit der Perserschach vollkommen sei!
(Er läßt sich an Thusneldens Seite nieder und umarmt sie.)
Nun, Herzchen, sprich, wie geht´s Dir, mein Planet?
Was macht Ventidius, Dein —Mond? Du sahst ihn?
(Es kommen Knaben und bedienen ihn mit Wein.)

THUSNELDA.
Ventidius? Der grüßt Dich.

HERMANN.
So! Du sahst ihn?

THUSNELDA.
Aus meinem Zimmer eben ging er fort.
— Sieh mich mal an!

HERMANN.
Nun?

THUSNELDA.
Siehst Du nichts?

HERMANN.
Und was?

THUSNELDA.
Nun wahrlich,
Wenn Varus auch so blind wie Du,
So war die ganze Mühe doch verschwendet.

HERMANN.
(Indem er dem Knaben den Becher zurückgibt.)
Ja so, Du hast auf meinen Wunsch den Anzug
Heut mehr gewählt als sonst —

THUSNELDA.
So! mehr gewählt!
Geschmückt bin ich, beim hohen Himmel!
Daß ich die Straßen Roms durchschreiten könnte!

HERMANN.
Wenn Ihr den Adler seht, so ruft ihr mich.
(Der Knabe, der ihn bedient, nickt mit dem Kopfe.)

THUSNELDA.
Was sagst Du?

HERMANN.
Und Ventidius war bei Dir?

THUSNELDA.
Ja, allerdings. Und zeigte mir am Putztisch,
Wie man in Rom das Haar sich ordnet,
Den Gürtel legt, das Kleid in Falten wirft.

HERMANN.
Schau, wie er göttlich Dir den Kopf besorgt!
Der Kopf, beim Styx, von einer Juno!
Bis auf das Diadem sogar,
Das Dir vom Scheitel blitzend niederstrahlt!
Wie aber wirst Du aussehn, liebstes Weib,
Wenn Du mit einem kahlen Kopf wirst gehn?

THUSNELDA.
Wer? Ich?

HERMANN.
Du, ja! — Wenn Marbod erst geschlagen ist,
So läuft kein Mond ins Land, beim Himmel!
Sie scheren völlig kahl Dir Deinen Kopf.

THUSNELDA.
Ich glaub', Du träumst, Du schwärmst! Wer wird den
Kopf mir —?

HERMANN.
Wer? Ei, Quintilius Varus und die Römer,
Mit denen ich alsdann verbunden bin.
— Die röm'schen Damen müssen doch,
Wenn sie sich schmücken, hübsche Haare haben?

THUSNELDA.
Nun, haben denn die röm'schen Damen keine?

HERMANN.
Nein, sag' ich! schwarze! schwarz und fett, wie Hexen!
Nicht hübsche, trockne, goldne, so wie Du!

THUSNELDA,
Wohlan! wenn sie mit hübschen nicht begabt,
So mögen sie mit garst'gen sich behelfen.

HERMANN.
So! in der Tat! da sollen die Kohorten
Umsonst wohl übern Rhein gekommen sein?

THUSNELDA.

Wer? die Kohorten?

HERMANN.

Ja, die Varus führt.

THUSNELDA.

(Lacht.)
Das muß ich sagen! Der wird doch
Um meine Haare nicht gekommen sein?

HERMANN.

Was? allerdings! bei unsrer großen Hertha!
Hat Dir Ventidius das noch nicht gesagt?
Wer war es schon, der jüngst beim Mahl erzählte,
Was einer Frau in Ubien begegnet?

THUSNELDA.

Wem? einer Ubierin?

HERMANN.

Das weißt Du nicht?

THUSNELDA.

Nein, Lieber! - Daß drei Römer sie, meinst Du,
In Staub gelegt urplötzlich und gebunden —

HERMANN.

Nun ja! und ihr nicht bloß vom Haupt hinweg
Das Haar, das goldene, die Zähne auch,
Die elfenbeinernen, mit einem Werkzeug
Auf offner Straße aus dem Mund genommen?

THUSNELDA.

Ach, geh! Ventidius hat mir gesagt,
Das wär' ein Märchen.

HERMANN.

Ein Märchen! so!
Ventidius hat ganz Recht, wahrhaftig,
Sein Schäfchen für die Schurzeit sich zu kirren.
Du lachst. Es sei! Die Folge wird es lehren.
(Pause.)

THUSNELDA.

(Ernsthaft.)
Was denn in aller Welt, was machen sie
In Rom mit diesen Haaren, diesen Zähnen?
Sie können doch die fremden Locken nicht
An ihre eignen knüpfen, nicht die Zähne
Aus ihrem eignen Schädel wachsen machen?
Wie also denn verfahren sie? so sprich!

HERMANN.
(Mit Laune.)
Die eignen Haare schneiden sie sich ab
Und hängen unsre schönen um den Kopf;
Die Zähne reißen sie, die schwarzen aus
Und stecken unsre weißen in die Lücken!

THUSNELDA.
Was?

HERMANN.
In der Tat! ein Schelm, wenn ich Dir lüge. —

THUSNELDA.
(Glühend.)
Nun denn, bei allen Rachegöttern!
Mit welchem Recht, wenn dem so ist,
Vom Kopf uns aber nehmen sie sie weg?

HERMANN.
Ich weiß nicht, Thuschen, wie Du heut Dich stellst!
Steht nicht August mit den Kohorten
In allen Ländern siegreich aufgepflanzt?
Für wen erschaffen ward die Welt, als Rom?
Nimmt nicht August dem Elephanten
Das Elfenbein, das Öl der Bisamkatze,
Dem Panthertier das Fell, dem Wurm die Seide?
Was soll der Deutsche hier zum Voraus haben?

THUSNELDA.
(Sieht ihn an.)
Was wir —? Das sind ja Tiere, Querkopf, Du,
Und keine Menschen!

HERMANN.
Menschen! Ja, mein Weib.
Was ist der Deutsche denn in jener Augen?

THUSNELDA.
Nun, doch kein Tier, hoff' ich?

HERMANN.
Was? — eine Bestie,
Die auf vier Füßen in den Wäldern läuft!
Ein Tier, das, wo der Jäger es erschaut,
Just einen Pfeilschuß wert, mehr nicht,
Und ausgeweidet und gepelzt dann wird.

THUSNELDA.
Ei, der Dämonenstolz! der Hohn der Hölle!
Und diese Römer nimmst Du bei Dir auf?

HERMANN.
Ja, liebes Weib, was soll ich machen?
Soll ich um Deine gelben Haare
Mit Land und Leut' in Kriegsgefahr mich stürzen?

THUSNELDA.
Um meine Haare! was? gilt es sonst nichts?
Meinst Du, wenn Varus so gestimmt, er werde
Das Fell Dir um die nackten Schultern lassen?

HERMANN.
Sehr wahr, beim Himmel! das bedacht' ich nicht.
Es sei! ich will die Sach' mir überlegen.

THUSNELDA.
Dir überlegen! — Er rücket ja schon ein!

HERMANN.
Je nun, mein Kind — man schlägt ihn wieder 'naus.
(Sie sieht ihn an).

THUSNELDA.
Ach, geh'! ein Geck bist Du, ich seh's, und äfft mich!
Nicht, nicht? gesteh's mir nur! Du scherzest bloß?

HERMANN.
(Küßt sie.)
Ja — mit der Wahrheit, wie ein Abderit.
— Warum soll sich von seiner Not
Der Mensch auf muntre Art nicht unterhalten? —
Die Sach' ist zehnmal schlimmer, als ich's machte,
Und doch auch, wieder so betrachtet,
Bei Weitem nicht so schlimm. — Beruhige Dich!
(Pause.)

THUSNELDA.
Nun, meine goldnen Locken kriegt er nicht!
Die Hand, die in den Mund mir käme,
Wie jener Frau, um meiner Zähne:
Ich weiß nicht, Hermann, was ich mit ihr machte.

HERMANN.
(Lacht.)
Ja, liebste Frau, da hast Du Recht! beiß zu!

THUSNELDA.
Doch sieh! Wer fleucht so eilig dort heran?

6. Auftritt.

Ein Cherusker *(tritt auf)*. Die Vorigen.

CHERUSKER.
Varus kommt!

HERMANN.
(Erhebt sich.)
Was! der Feldherr Roms? unmöglich!
Wer war's, der mir von seinem Einzug
In Teutoburg die Nachricht geben wollte?

7. Auftritt.

Varus *(tritt auf)*. Ihm folgen Ventidius der Legat, Septimius, römischer Hauptmann, und die deutschen Fürsten Fust und Aristan. Die Vorigen.

HERMANN.
(Indem er ihm entgegengeht.)
Vergieb, Quintilius Varus, mir,
Daß Deine Hoheit mich hier suchen muß!
Mein Wille war, Dich ehrfurchtsvoll
In meines Lagers Tore einzuführen,
Oktav August in Dir, den großen Kaiser Roms
Und meinen hochverehrten Freund, zu grüßen.

VARUS.
Mein Fürst, Du bist sehr gütig, in der Tat;
Ich hab' von außerordentlichen
Unordnungen gehört, die die Kohorten sich
In Helakon und Herthakon erlaubt;
Von einer Wodanseiche unvorsichtiger
Verletzung — Feuer, Raub und Mord,
Die dieser Tat unsel'ge Folgen waren,
Von einer Aufführung, mit einem Wort,
Nicht eben, leider! sehr geschickt,
Den Römer in Cheruska zu empfehlen.
Die Eiche, sagt man zwar, ward nicht aus Hohn verletzt,
Der Unverstand nur achtlos warf sie um;
Gleichwohl ist ein Gericht bereits bestellt,
Die Täter aufzufahn, und morgen wirst Du sie,
Zur Sühne Deinem Volk, enthaupten sehn.

HERMANN.
Quintilius! Dein erhabnes Wort beschämt mich!
Mißgriffe, wie die vorgefall'nen, sind
Auf einem Heereszuge unvermeidlich.
Laß diesen Irrtum, ich beschwöre Dich,
Das Fest nicht stören, das mein Volk
Zur Feier Deines Einzugs vorbereitet.
Gönn' mir ein Wort zu Gunsten der Bedrängten,

Die Deine Rache treffen soll,
Und weil sie bloß aus Unverstand gefehlt,
So schenk' das Leben ihnen, laß sie frei!

VARUS.
(Reicht ihm die Hand.)
Nun, Freund Armin, beim Jupiter, es gilt!
Nimm diese Hand, die ich Dir reiche,
Auf immer hast Du Dir mein Herz gewonnen! —
Die Frevler sprech ich frei! bis auf den Einen,
Der dem ausdrücklichen Ermahnungswort zuwider
Den ersten Schlag der Eiche zugefügt.

HERMANN.
— Wenn Du aus immer jeden Anlaß willst,
Der eine Zwistigkeit entflammen könnte,
Aus des Cheruskers treuer Brust entfernen,
So bitt' ich, würd'ge diese Eichen,
Quintilius, würdge ein'ger Sorgfalt sie!
Von ihnen her rinnt einzig fast die Quelle
Des Übels, das uns zu entzweien droht.
Laß' irgend, was es sei, ein Zeichenbild zur Warnung
Wenn Du Dein Lager wählst, bei diesen Stämmen pflanzen:
So hast Du, glaub' es mir, für immer
Den wackern Eingebornen Dir verbunden.

VARUS.
Wohlan! — Woran erkennt man diese Eichen?

HERMANN.
An ihrem Alter und dem Schmuck der Waffen,
In ihres Wipfels Wölbung aufgehängt.

VARUS.
Septimius Nerva!

SEPTIMIUS.
(Tritt vor.)
Was gebeut mein Feldherr?

VARUS.
Laß' eine Schar von Römern gleich
Sich in den Wald zerstreu'n, der diese Niederlassung,
Cheruskas Hauptplatz, Teutoburg umgibt.
Bei jeder Eiche grauen Alters,
In deren Wipfel Waffen aufgehängt,
Soll eine Wache von zwei Kriegern halten,
Und Jeden, der vorübergeht, belehren.
Daß Wodan in der Nähe sei.
Denn Wodan ist, daß Ihr es nur wißt, Ihr Römer,
Der Zeus der Deutschen, Herr des Blitzes
Diesseits der Alpen, so wie jenseits der;
Er ist der Gott, dem sich mein Knie sogleich

Beim ersten Eintritt in dies Land gebeugt;
Und, kurz, Quintilius, Euer Feldherr, will
Mit Ehrfurcht und mit Scheu im Tempel dieser Wälder
Wie den Olympier selbst geehrt ihn wissen.

SEPTIMIUS.
Man wird Dein Wort, o Herr, genau vollziehn.

VARUS.
(Zu Hermann.)
Bist Du zufrieden, Freund?

HERMANN.
Du überfleuchst, Quintilius, Die Wünsche Deines Knechts.

VARUS
(Nimmt ein Kissen, auf welchem Geschenke liegen aus der Hand eines Sklaven und bringt sie der Thusnelda.)
Hier, meine Fürstin, überreich' ich Dir
Von meinem hohen Herrn Augustus,
Was er für Dich nur jüngsthin zugesandt.
Es sind Gesteine, Perlen, Federn, Öle —
August, erlauchte Fran, bewaffnet Deine Schönheit,
Damit Du Hermanns großes Herz
Stets in der Freundschaft Banden ihm erhaltest.

THUSNELDA.
(Empfängt das Kissen und betrachtet die Geschenke.)
Quintilius! Dein Kaiser macht mich stolz.
Thusnelda nimmt die Waffen an
Mit dem Versprechen, Tag und Nacht,
Damit geschirrt, für ihn zu Feld zu ziehn.
(Sie übergibt das Kissen ihren Frauen).

VARUS.
(Zu Hermann.)
Hier stell' ich Fust Dir und Aristan,
Die tapfern Fürsten Deutschlands, vor,
Die meinem Heereszug sich angeschlossen.
(Er tritt zurück und spricht mit Ventidius.

HERMANN.
(Indem er sich dem Fürsten der Cimbern nähert.)
Wir kennen uns, wenn ich nicht irre, Fust,
Aus Gallien, von der Schlacht des Ariovist.

FUST.
Mein Prinz, ich kämpfte dort an Deiner Seite.

HERMANN.
(Lebhaft.)
Ein schöner Tag, beim hohen Himmel,
An den Dein Helmbusch lebhaft mich erinnert!

— Der Tag, an dem Germanien zwar
Dem Cäsar sank, doch der zuerst
Den Cäsar die Germanier schätzen lehrte.

FUST.
(Niedergeschlagen.)
Mir kam er teuer, wie Du weißt, zu stehn.
Der Cimbern Thron, nicht mehr, nicht minder,
Den ich nur Augusts Gnade jetzt verdanke. —

HERMANN.
(Indem er sich zu dem Fürsten der Ubier wendet.)
Wo war Aristan an dem Tag der Schlacht?

ARISTAN.
(Kalt und scharf.)
Aristan war in Ubien,
Diesseits der Rheines, wo er hingehörte.
Aristan hat das Schwert niemals
Den Cäsarn Roms gezückt, und er darf kühnlich sagen:
Er war ihr Freund, sobald sie sich
Nur an der Schwelle von Germania zeigten.

HERMANN.
(Mit einer Verbeugung.)
Arminius bewundert seine Weisheit.
— Ihr Herrn, wir werden uns noch weiter sprechen.
(Ein Marsch in der Ferne.)

8. Auftritt.

Ein römischer Soldat *(tritt auf. Bald darauf das Römerheer.)* Die Vorigen.

DER RÖMISCHE SOLDAT.
(Zum Volk, das zusammengelaufen.)
Platz, Ihr Cherusker!
Varus' des Feldherrn Roms, Liktoren
Nah'n festlich an des Heeres Spitze sich!

THUSNELDA.
Was gibt's!

SEPTIMIUS.
(Nähert sich ihr.)
Es ist das Römerheer,
Das seinen Einzug hält in Teutoburg!

HERMANN.
(Zerstreut.)
Das Römerheer?
(Er beobachtet Varus und Ventidius, welche heimlich mit einander sprechen.)

THUSNELDA.
Wer sind die Ersten dort?

SEPTIMIUS.
Varus' Liktoren, königliche Frau,
Die des Gesetzes heil'ges Richtbeil tragen.

THUSNELDA.
Das Beil? Wem? Uns?

SEPTIMIUS.
Vergieb! dem Heere,
Dem sie ins Lager feierlich voranziehn.
(Das Römerheer zieht in voller Pracht vorüber.)

VARUS.
(Zu Ventidius.)
Was also, sag' mir an, was hab' ich
Von jenem Hermann dort mir zu verseh'n?

VENTIDIUS.
Quintilius! das fass' ich in zwei Worten!
Er ist ein Deutscher.
In einem Hämmling ist, der an der Tiber graset,
Mehr Lug und Trug, muß ich Dir sagen,
Als in dem ganzen Volk, dem er gehört. —

VARUS.
So kann ich, meinst Du, dreist der Sueven Fürsten
Entgegenrücken? habe nichts von diesem,
Bleibt er in meinem Rücken, zu befürchten?

VENTIDIUS.
So wenig, wiederhol' ich Dir,
Als hier von diesem Dolch in meinem Gurt. —

VARUS.
Ich werde doch den Platz in dem Cheruskerland
Beschau'n, nach des August Gebot,
Auf welchem ein Kastell erbaut soll werden.
— Marbod ist mächtig, und nicht weiß ich,
Wie sich am Weserstrom das Glück entscheiden wird.
(Er sieht ihn fragend an.)

VENTIDIUS.
Das lob' ich sehr. Solch eine Anstalt
Wird stets, auch wenn Du siegst, zu brauchen sein.

VARUS.
Wahr ist's, Rom wird auf seinen sieben Hügeln
Vor diesen Horden nimmer sicher sein,
Bis ihrer kecken Fürsten Hand
Auf immerdar der Zepterstab entwunden.

VENTIDIUS.
So denkt August, so denket der Senat.

VARUS.
Laß' uns in ihre Mitte wieder treten.
(Sie treten wieder zu Hermann und Thusnelda, welche, von Feldherrn und Fürsten umringt, dem Zuge des Heeres zusehen.)

THUSNELDA.
Septimius! was bedeutet dieser Adler?

SEPTIMIUS.
Das ist ein Kriegspanier, erhabne Frau;
Jedweder der drei Legionen
Fleucht solch metallnes Adlerbild voran.

THUSNELDA.
So, so! ein Kriegspanier! sein Anblick hält
Die Scharen in der Nacht des Kampfs zusammen?

SEPTIMIUS.
Du trafft's. Er führet sie den Pfad des Siegs. —

THUSNELDA.
Wie jedes Land doch seine Sitte hat!
— Bei uns tut es der Chorgesang der Barden.
(Pause. Der Zug schließt, die Musik schweigt.)

HERMANN.
(Indem er sich zu dem Feldherrn Roms wendet.)
Willst Du Dich in das Zelt verfügen, Varus?
Ein Mahl ist, nach Cheruskersitte,
Für Dich und Dein Gefolge drin bereitet.

VARUS.
Ich werde kurz jedoch mich fassen müssen.
(Er nimmt ihn vertraulich bei der Hand.)
Ventidius hat Dir gesagt,
Wie ich den Plan für diesen Krieg entworfen?

HERMANN.
Ich weiß um jeden seiner weisen Punkte.

VARUS.
Ich breche morgen mit dem Römerheer
Aus diesem Lager auf, und übermorgen
Rückst Du mit dem Cheruskervolk mir nach.
Jenseits der Weser, in des Feindes Antlitz,
Hörst Du das Weit're. — Wünschest Du vielleicht,
Daß ein geschickter Römerfeldherr
Für diesen Feldzug sich in Dein Gefolge mische?
Sag? dreist nur an! Du hast nur zu befehlen.

HERMANN.
Quintilius, in der Tat, Du wirst
Durch eine solche Wahl mich glücklich machen.

VARUS.
Wohlan, Septimius, schick Dich an,
Dem Kriegsbefehl des Königs zu gehorchen.
Und daß die Teutoburg gesichert sei,
Indessen wir entfernt sind, laß' ich Crassus
Mit drei Kohorten drin zurück.
— Weißt Du noch sonst was anzumerken, Freund?

HERMANN.
Nichts, Feldherr Roms! Dir übergab ich Alles,
So sei die Sorge auch, es zu beschützen, Dein.

VARUS
(Zu Thusnelda.)
Nun, schöne Frau, so bitt' ich —— Eure Hand!
(Er führt die Fürstin ins Zelt.)

HERMANN.
Hella, die Hörner! Dieser Tag
Soll für Cheruska stets ein Festtag sein!
(Hörnermusik. Während die Andern schon gehn, bleibt Hermann noch zurück, in starker Erregtheit.)
Und daß er's werde, anders als Ihr's meint,
Dazu Verleihe Wodan seinen Schutz.
Schon dringt zu mir der heil´gen Eichen Rauschen
Und unsrer Barden hoher Weihesang —!
— Doch still —! Was jetzt mein Herz noch muß bewahren,
Zur rechten Stunde wird's der Feind erfahren!

(Der Vorhang fällt.)

DRITTER AKT.

Szene: Marbods Zelt im Lager der Sueven auf dem rechten Ufer der Weser.

1. Auftritt.

Marbod *(den Brief Hermanns mit dem Dolch in der Hand haltend).* Neben ihm Attarin sein Rat. *(Im Hintergrunde)* Zwei Hauptleute. *(Auf der andern Seite des Zeltes)* Luitgar mit Hermanns Kindern Rinold und Adelhard.

MARBOD.
Was soll ich davon denken, Attarin?
— Arminius, der Cheruskerfürst,
Läßt mir durch jenen wackern Freund dort melden:
Varus sei ihm auf Schutz und Trutz verbunden
Und werd in dreien Tagen schon

Mich am Gestad der Weser überfallen! —
Der Bund, schreibt Hermann doch, sei ihm nur aufgedrungen,
Und stets im Herzen, nach wie vor,
Sei er der Römer unversöhnter Feind.
— Er ruft mich auf, verknüpft mit ihm,
Sogleich dem Mordverrat zuvorzukommen,
Die Weser Angesichts des Blatts zu überschiffen
Und im Morast des Teutoburger Walde
Die ganze gift'ge Brut der Hölle zu vertilgen. —
Zum Preis mir, wenn der Sieg erfochten,
Will er zu Deutschlands Oberherrn mich krönen.
— Da, lies den Brief, den er mir zugefertigt!
War's nicht so, Luitgar?

LUITGAR.

Allerdings! so sagt' ich.

ATTARIN.

(Nachdem er den Brief genommen und gelesen.)
Mein Fürst, trau' diesem Fuchs, ich bitte Dich,
Dem Hermann nicht! Der Himmel weiß,
Was er mit dieser schnöden List bezweckt.
Send' ihm das Schreiben ohne Antwort heim
Und melde Varus gleich den ganzen Inhalt.
Es ist ein tückischer verräterischer Versuch,
Das Bündnis, das Euch einigt, zu zerreißen.
(Er gibt ihm den Brief zurück.)

MARBOD.

Was! List! Verräterei! — Da schicket er
Den Rinold und den Adelhard,
Die beiden Knaben mir, die ihm sein Weib gebar,
Und diesen Dolch hier, sie zu töten,
Wenn sich ein Trug in seinen Worten findet.

ATTARIN.

(Wendet sich.)
Wo?

MARBOD.

Dort!

ATTARIN.

Das wären des Arminius Kinder?

MARBOD.

Arminius' allerdings! ich glaub', Du zweifelst?
In Teutoburg, vor sieben Monden,
Als ich den Staatenbund verhandeln wollte,
Hab' ich die Jungen, die dort stehn,
Wie oft an diese alte Brust gedrückt!

ATTARIN.

Vergieb, o Herr, das sind die Knaben nicht!
Das sind zwei unterschobene, behaupt' ich,
An Wuchs den echten Prinzen ähnlich bloß.
Laß die Verräterbrut gleich in Verwahrung bringen
Und ihn, der sie gebracht Dir hat, dazu!
(Pause.)

MARBOD.

(Nachdem er die Knaben aufmerksam betrachtet.)
Rinold!
(Er setzt sich nieder. Rinold tritt dicht vor ihn.)
Nun, was auch willst Du mir? Wer rief Dich?

RINOLD.

(Sieht ihn an.)
Je, nun!

MARBOD.

Je nun! — den Andern meint' ich, Rinold!
*(Er winkt dem Adelhard; Adelhard tritt gleichfalls vor ihn.
Marbod nimmt ihn bei der Hand.)*
Nicht? nicht? Du bist der Rinold? allerdings!

ADELHARD.

Ich bin der Adelhard.

MARBOD.

— So; bist Du das?
(Er stellt die beiden Knaben nebeneinander und scheint sie zu prüfen.)
Nun, Jungen, sagt mir, Rinold! Adelhard!
Wie steht's in Teutoburg daheim,
Seit ich vergangnen Herbst her Euch nicht sah?
— Ihr kennt mich doch?

RINOLD.

O ja.

MARBOD.

— Ich bin der Holtar,
Der alte Kämmerer im Gefolge Marbods,
Der Euch kurz vor der Mittagsstunde
Stets in des Fürsten Zelt herüberbrachte.

RINOLD.

Wer bist Du?

MARBOD.

Was! das wißt Ihr nicht mehr? Holtar,
Der Euch mit glänz'gem Perlenmutter,
Korallen und mit Bernstein noch beschenkte.

RINOLD.
(Nach einer Pause.)
Du trägst ja Marbods eisern'n Ring am Arm.

MARBOD.

Wo?

RINOLD.

Hier!

MARBOD.
Trug Marbod diesen Ring damals?

RINOLD.

Marbod?

MARBOD.
Ja, Marbod, frag' ich, mein Gebieter.

RINOLD.
Ach, Marbod! was! freilich trugst Du den Ring!
Du sagtest, weiß ich noch, auf Hermanns Frage,
Du hättest ein Gelübd' getan
Und müßtest an dem Arm den Ring von Eisen tragen,
So lang' ein röm'scher Mann in Deutschland sei.

MARBOD.
Das hätt' ich — wem? Euch? Nein, das hab' ich nicht! —

RINOLD.
Nicht uns! dem Hermann!

MARBOD.

Wann?

RINOLD.
Am ersten Mittag,
Als Holtar Beid' in Dein Gezelt uns brachte.
(Marbod sieht den Attarin an.)

ATTARIN.
(Der die Knaben aufmerksam beobachtet.)
Das ist ja sonderbar, so wahr ich lebe!
(Er nimmt Hermanns Brief noch einmal und überliest ihn. Pause.)

MARBOD.
(Indem er gedankenvoll in den Haaren der Knaben spielt.)
Ist denn, den Weserstrom zu überschiffen,
Vorläufig eine Anstalt schon gemacht?

EINER DER BEIDEN HAUPTLEUTE.
(Vortretend.)
Mein Fürst, die Kähne liegen in der Tat
Zusammen am rechten Ufer aufgestellt.

MARBOD.

Mithin könnt' ich — wenn den Entschluß ich faßte,
Gleich in der Tat, wie Hermann wünscht,
Des Stromes andern Uferrand gewinnen?

ATTARIN.

(Unruhig.)
Mein Herr und Herrscher, ich beschwöre Dich,
Laß' zu nichts Übereiltem Dich verführen!
Armin ist selbst hier der Betrogene!
Nach dem, wie sich Roms Cäsar zeigte,
Wär? eine Raserei, zu glauben,
Er werde den Cheruskern sich verbinden;
Bedenk Dein Lager ist von Römern voll;
Der herrlichsten Patrizier Söhne,
Die hergesand, Dein Heer die Bahn des Sieges zu führen;
Die dienen Dir als Geißeln für August,
Und würden Dir als sichre Opfer fallen,
Wenn ein so schändlicher Verrat Dich träfe.
— Beschließe nichts, ich bitte Dich,
Bis Dir durch Fulvius, den Legaten Roms,
Von Varus' Plänen näh´re Kunde ward.
(Pause.)

MARBOD.

Ich will den Fulvius mindestens
Gleich über diese Sache doch vernehmen.
Heda!

2. Auftritt.

Komar *(tritt auf)*. Die Vorigen.

MARBOD.

Den Fulvius Lepidus, Legaten Roms,
Ersuch' ich, einen Augenblick
In diesem Zelt sein Antlitz mir zu schenken.

KOMAR.

Den Fulvius? Vergieb, der wird nicht kommen;
Er hat soeben auf fünf Kähnen
Sich mit der ganzen Schar von Römern eingeschifft,
Die Dein Gefolg bis heut vergrößerten. ——
Dies Schreiben hier an Dich ließ er zurück.

MARBOD.
Was sagst Du? alle Römer —?

ATTARIN.

Tod und Rache!

MARBOD.
(Liest.)
„Du hast für Rom Dich nicht entscheiden können,
Aus voller Brust, wie Du gesollt:
Rom, der Bewerbung müde, gibt Dich auf.
Versuche jetzt, ob Du in Deutschland Dir
Allein den Herrscherthron errichten kannst.
August jedoch, daß Du es wissest,
Hat den Armin auf seinem Sitz erhöht,
Und Dir — die Stufen jetzo weis't er an!"
(Er läßt den Brief fallen.)

ATTARIN.
Verräterei! Verräterei!
Auf! zu den Kähnen an der Weser!
Setzt dem Verfluchten nach und bringt ihn her!

MARBOD.
Laß', laß' ihn, Freund! Er läuft der Nemesis,
Der er entfliehen will, entgegen!
Das Rachschwert ist schon über ihn gezückt.
— Luitgar!

LUITGAR.
Mein erlauchter Herr!

MARBOD.
Tritt näher! —
Wo ist, sag' an, wollt' ich die Freiheitsschlacht versuchen,
Nach des Arminius' Kriegsentwurf
Der Ort, an dem die Würfel fallen sollen?

LUITGAR.
Das ist der Teutoburger Wald, Mein König.

MARBOD.
Und welchen Tag, unfehlbar und bestimmt,
Hat er zum Fall der Würfel festgesetzt?

LUITGAR.
Den Nornentag, mein königlicher Herr. —

MARBOD.
(Indem er ihm die Kinder gibt und den Dolch zerbricht.)
Wohlan, Dein Amt ist aus; hier nimm die Kinder
Und auch in Stücken Deinen Dolch zurück!
Den Brief auch — *(indem er ihn durchsieht)* kann ich nur
zur Hälfte brauchen; *(er zerreißt ihn.)*
Den Teil, der mir von seiner Huld'gung spricht,
Als einem Oberherrn, den lös' ich ab. —
Triffst Du ihn eh'r als ich, so sagst Du ihm,
Zu Worten hätt' ich keine Zeit gehabt;
Mit Taten würd' ich ihm die Antwort schreiben!

(Zu den Feldherren.)
Auf, Komar! Brunold! meine Feldherrn!
Die Nornen werden ein Gericht,
Des Schicksals fürchterliche Göttinnen,
Im Teutoburger Wald dem Heer des Varus halten!
Er glaubte mir die Grube zu eröffnen,
Und selbst mit seiner ganzen Rotte
Zur neunten Hölle schmetternd stürzt er nieder!
(Alle ab.)

Verwandlung.
Szene: Straße in Teutoburg. Es ist Nacht.

3. Auftritt.

Hermann und Eginhardt *(treten auf).*

HERMANN.
Tod und Verderben, sag' ich, Eginhardt!
Woher die Ruh', woher die Stille
In diesem Standplatz röm'scher Kriegerhaufen?

EGINHARDT.
Mein bester Fürst, Du weißt, Quintilius Varus zog
Heut mit des Heeres Masse ab.
Er ließ zum Schutz in diesem Platz
Nicht mehr als drei Kohorten nur zurück.
Die hält man eh'r im Zaum als so viel Legionen,
Zumal, wenn sie so wohlgewählt wie die.

HERMANN.
Ich aber rechnete, bei allen Rachegöttinnen,
Auf Feuer, Raub, Gewalt und Mord
Und alle Gräu'l des fesselosen Krieges!
Was brauch' ich Latier, die mir Gutes tun?
Kann ich den Römerhaß, eh' ich den Platz verlasse,
In der Cherusker Herzen nicht,
Daß er durch ganz Germanien schlägt, entflammen,
So scheitert meine ganze Unternehmung!

EGINHARDT.
Du hättest Wolf, dünkt mich, und Thuskar und den Andern
Doch Dein Geheimnis wohl entdecken sollen.
Sie haben, als die Römer kamen,
Mit Flüchen gleich die Teutoburg verlassen.
Wie gut, wenn Deine Sache siegt,
Hätt'st Du in Deutschland sie gebrauchen können!

HERMANN.
Die Schwätzer, die! ich bitte Dich!
Die schreiben, Deutschland zu befreien,
Mit Chiffern, schicken mit Gefahr des Lebens

Einander Boten, die die Römer hängen.
Wolf ist der Einz'ge der es redlich meint.
Es braucht der Tat, nicht der Verschwörungen.

EGINHARDT.
So mög' der Himmel Dein Beginnen krönen!

HERMANN.
Horch! still!

EGINHARDT.
Was gibt's?

HERMANN.
Rief man nicht dort Gewalt?

EGINHARDT.
Nein, mein erlauchter Herr! ich hörte nichts;
Es war die Wache, die die Stunden rief.

HERMANN.
Verflucht sei diese Zucht mir der Kohorten!
Ich stecke, wenn sich Niemand rührt,
Die ganze Teutoburg an allen Ecken an.

EGINHARDT.
Nun, nun! es wird sich wohl ein Frevel finden.

HERMANN.
Komm, laß' uns heimlich durch die Gassen schleichen
Und sehn, ob uns der Zufall etwas beut. *(Beide ab.)*

4. Auftritt.

(Ein Auflauf. — Zuerst ein) Weib und Andere, (bald darauf zwei) Cherusker, welche eine Person aufführen, die ohnmächtig ist. (Fackeln.) Volk (jeden Alters und Geschlechts).

EIN CHERUSKERWEIB.
(Mit aufgehobenen Händen.)
Wodan, den Blitz regierst Du in den Wolken,
Und einen Gräul entsetzensvoll
Wie den, läßt Du auf Erden sich verüben!

EIN JUNGES MÄDCHEN.
Mutter, was gibt's?

EIN ANDERES.
Was läuft das Volk zusammen?

EIN ANDERES WEIB.
(Mit einem Kinde.)
Nichts, meine Töchter, nichts! was fragt Ihr doch?
Ein Mensch, der auf der offnen Straß' erkrankte,
Wird von den Freunden hier vorbeigeführt.

ERSTES WEIB.
Drei der verfluchten appenin'schen Hunde,
Sie büßten ihre Lust schon mit dem Tod!
Doch gibt es Sühne für so vieh'sche Tat?

ZWEITES WEIB.
Da kommt die Unglücksel´ge schon heran!
(Die Person, von zwei Cheruskern geführt, erscheint.)

ERSTES WEIB.
Hinweg die Fackeln!

DAS VOLK.
Seht, o seht!

ERSTES WEIB.
Hinweg!
— Seht Ihr nicht, daß die Sonne sich verbirgt?

DAS VOLK.
O des elenden, schmachbedeckten Wesens!

MEHRERE STIMMEN.
Wer ist's? ein Mann? ein Weib?

ERSTES WEIB.
Fragt nicht, Ihr Leute,
Werft einen Schleier über die Person!
(Man wirft ein großes Tuch über sie.)

DER ERSTE CHERUSKER.
(Der sie führt.)
Wo ist der Vater?

EINE STIMME.
(Aus dem Volke.)
Der Vater ist der Teuthold!

DER ZWEITE CHERUSKER.
Der Teuthold, Helgas Sohn, der Schmied der Waffen?

MEHRERE STIMMEN.
Teuthold, der Schmied, er, ja!

DER ZWEITE CHERUSKER.
Ruft ihn herbei!

MEHRERE STIMMEN.
Da kommt er schon! Er ist's, mit seinen Vettern!

5. Auftritt.

Teuthold und zwei andere Männer *(treten auf).* Vorige.

ERSTES WEIB.

Teuthold, heran!

TEUTHOLD.

Was gibt's?

ERSTES WEIB.

Heran hier, sag' ich! —
Platz, Freunde, bitt' ich! lass't den Vater vor!

TEUTHOLD.

Was ist gescheh'n?

ERSTES WEIB.

Gleich, gleich! hier stell' Dich her!
Die Fackeln! he, Ihr Leute! leuchtet ihm!

TEUTHOLD.

Was habt Ihr vor?

ERSTES WEIB.

Hör' an und fass' Dich kurz! —
Kennst Du hier die Person?

TEUTHOLD.

Wen, meine Freunde?

ERSTES WEIB.

Hier, frag' ich, die verschleierte Person?

TEUTHOLD.

Nein! wie vermöcht' ich das? Laßt mich sie sehn!

ERSTES WEIB.

Halt, sag' ich Dir! den Schleier rühr' nicht an!

DER ERSTE CHERUSKER.

Wer die Person ist, fragt Ihr?
(Er nimmt eine Fackel und beleuchtet ihre Füße.)

TEUTHOLD.

Gott im Himmel!
Hally, mein Einziges, was widerfuhr Dir?

ERSTES WEIB.

Was?! Mann des Unglücks! Fragst Du noch?
War dieses Kind nur Dein, damit sie
Die Römer Dir zum Schandbild machten?

TEUTHOLD.
(Schreit auf.)
Ha —!
(Er ergreift des nächsten Cheruskers Hand, ihn anstarrend.)
Ist es —?

ZWEITER CHERUSKER.
Du hast's gehört — frag' weiter nicht —.
(Teuthold und die Seinen stehn wie vom Donner gerührt. Pause.)

DER ERSTE CHERUSKER.
Genug! die Fackeln weg! führt sie ins Haus!
Ihr aber eilt, den Hermann herzurufen!

TEUTHOLD.
(Indem er sich plötzlich wendet.)
Halt dort!

DER ERSTE CHERUSKER.
Was gibt's?

TEUTHOLD.
Halt, sag' ich, Ihr Cherusker!
Ich will sie führen, wo sie hingehört.
(Er zieht den Dolch.)
— Kommt, meine Vettern, folgt mir!

ERSTES WEIB.
Mann, was denkst Du?

TEUTHOLD.
(Zu den Vettern.)
Rudolf, Du nimmst die Rechte, Ralf die Linke!
— Seid Ihr bereit, sagt an?

DIE VETTERN.
(Indem sie die Dolche ziehn.)
Wir sind's! brich auf!

TEUTHOLD.
(Bohrt sie nieder.)
Stirb! werde Staub! und über Deiner Gruft
Schlag ewige Vergessenheit zusammen!
(Sie fällt mit einem kurzen Laut übern Haufen.)

DAS VOLK.
Ihr Götter!

DER ERSTE CHERUSKER.
(Fällt ihm in den Arm.)
Ungeheuer! Was beginnst Du?

EINE STIMME.
(Aus dem Hintergrunde.)
Was ist geschehn?

EINE ANDERE.
Sprecht!

EINE DRITTE.
Was erschrickt das Volk?

ERSTES WEIB.
Weh! weh! der eigne Vater hat sein Kind getötet!

MEHRERE STIMMEN.
Weh! Weh! Entsetzlich!

TEUTHOLD.
(Indem er sich über die Leiche wirft.)
Hally! mein Einz'ges! hab' ich's recht gemacht?

6. Auftritt.

Hermann und Eginhardt *(treten auf)*. Die Vorigen.

DER ZWEITE CHERUSKER.
Komm her, mein Fürst, schau diese Gräuel an!

HERMANN.
Was gibt's?

DER ERSTE CHERUSKER.
Was! fragst Du noch? Du weißt von nichts?

HERMANN.
Nichts, meine Freund! ich komm' aus meinem Zelt.

EGINHARDT.
Sagt, was erschreckt Euch?

DER ZWEITE CHERUSKER.
(Halblaut.)
Eine ganze Meute
Von Römern, die den Platz durchschweifte,
Hat bei der Dämmrung schamlos eben jetzt —

HERMANN.
Still, Selmar, still! ist das die grause Tat,
Die eben mir ein Sturmwind zugeheult?
Er soll sie weiter tragen. *(Bewegt)*. Ist's die junge Hally?

ERSTES WEIB.
Hally, Teutholds, des Schmieds der Waffen, Tochter!
— Da liegt sie jetzt, schau her, mein Fürst,
Von ihrem eignen Vater hingeopfert!

EGINHARDT.
(Vor der Leiche.)
Ihr großen, heiligen und ew'gen Götter!

DER ERSTE CHERUSKER.
Was wirst Du nun, o Herr, darauf beschließen?

HERMANN.
(Zum Volke.)
Kommt, Ihr Cherusker kommt, Ihr Wodanskinder!
Kommt, sammelt Euch um mich und hört mich an!
(Das Volk umringt ihn; er tritt vor Teuthold.)
Teuthold steh auf!

TEUTHOLD.
(Am Boden.)
Laß mich!

HERMANN.
Steh auf, sag' ich!

TEUTHOLD.
Hinweg! des Todes ist, wer sich mir naht.

HERMANN.
Hebt ihn empor und sagt ihm, wer ich sei!

DER ZWEITE CHERUSKER.
Steh auf, unsel'ger Alter!

DER ERSTE CHERUSKER.
Fasse Dich!
Hermann, Dein Rächer ist's, der vor Dir steht.
(Sie heben ihn empor.)

TEUTHOLD.
Hermann, mein Rächer, sagt Ihr? — Kann er Rom,
Das Drachennest, vom Erdenrund vertilgen?

HERMANN.
Ich kann's und will's! Hör an, was ich Die sage!

TEUTHOLD.
(Sieht ihn an.)
Was für ein Laut des Himmels traf mein Ohr?
Gebeut! sprich! red', o Herr! Was muß geschehen?

HERMANN.
Brich, Rabenvater, auf und trage mit den Vettern
Die Jungfrau, die geschändete,
In einen Winkel Deines Hauses hin!
Wir zählen fünfzehn Stämme der Germanen;
In fünfzehn Stücke mit des Schwerter Schärfe
Teil' ihren Leib und schick mit fünfzehn Boten,

Ich will Dir fünfzehn Pferde dazu geben,
Den fünfzehn Stämmen ihn Germaniens zu.
Der wird in Deutschland Dir zur Rache,
Bis auf die toten Elemente werben;
Der Sturmwind wird, die Waldungen durchlaufend,
Empörung! rufen und die See,
Des Landes Rippen schlagend, Freiheit! brüllen.

DAS VOLK.

Empörung! Rache! Freiheit!

TEUTHOLD.

Auf! greift an!
Bringt sie ins Haus, zerlegt in Stücke sie!
(Sie tragen die Leiche fort.)

HERMANN.

Komm, Eginhardt! jetzt hab' ich nichts mehr
An diesem Ort zu tun!
(Alle ab.)

Verwandlung.
Szene: Hermanns Zelt.

7. Auftritt.

Hermann *(tritt auf, mit Schild und Spieß).* Hinter ihm Septimius. Cheruskische Hauptleute.

HERMANN.

Hast Du die neuste Einrichtung getroffen?
Mir das Cheruskerheer, das vor den Toren liegt,
Nach Römerart, wie Du versprachst,
In kleinere Manipeln abgeteilt?

SEPTIMIUS.

Mein Fürst, wie konnt' ich? Deine deutschen Feldherrn
Versicherten, Du wolltest selbst
Bei dieser Neuerung zugegen sein.
Ich harrte vor dem Tor bis in die Nacht auf Dich;
Doch Du — warum? nicht weiß ich es — bliebst aus.

HERMANN.

Was! so ist Alles noch im Heer wie sonst?

SEPTIMIUS.

Auf jedem Punkt; wie könnt' es anders?
Es ließ sich ohne Dich, Du weißt, nichts tun.

HERMANN.

Das tut mir leid, Septimius, in der Tat!
Mich hielt ein dringendes Geschäft
Im Ort zurück; Du würdest, glaubt' ich,
Auch ohne mich hierin verfügen können.

Nun — wird es wohl beim Alten bleiben müssen.
Der Tag bricht an; hast Du das Heer
Dem Plan gemäß zum Marsch nach Arkon,
Dem Teutoburger Waldplatz, angeschickt?

SEPTIMIUS.
Es harrt nur Deines Wortes, um anzutreten.

HERMANN.
(Indem er einen Vorhang lüftet.)
Ich denk', es wird ein schöner Tag heut werden?

SEPTIMIUS.
Die Nacht war heiß, ich fürchte ein Gewitter.
(Pause.)

HERMANN.
Nun, sei so gut, verfüg' Dich nur voran!
Von meinem Weib nur will ich Abschied nehmen
Und folg' in einem Augenblick Dir nach!
(Septimius ab.)
(Zu den Cheruskern.)
Auf, folgt ihm, und verlaßt ihn nicht!
Und jegliche Gemeinschaft ist
Des Heers mit Teutoburg von jetzt streng aufgehoben.
(Die Cherusker ab.)

HERMANN.
(Nachdem er Schild und Spieß weggelegt.)
So wäre jede Anstalt jetzt getroffen,
Daß — nur mir der Legat noch übrig bleibt.
(Er nimmt ein Papier aus dem Busen.)
Dies soll uns bald ins Reine bringen.
(Er schlägt den Zeltvorhang zurück und ruft.)
Wo ist die Fürstin —? Ha sie kommt. —

8. Auftritt.

Hermann und Thusnelda.

HERMANN.
Bist Du's, mein Weib? ich hab' Dir was zu sagen.

THUSNELDA.
(Ängstlich.)
Sag, liebster Freund, ums Himmels willen,
Welch ein Gerücht läuft durch den Lagerplatz?
Ganz Teutoburg ist toll, es würd' in wenig Stunden
Dem Crassus, der Kohorten Führer,
Ein fürchterliches Blutgericht ergehn!
Dem Tode wär' die ganze Schar geweiht,
Die als Besatzung hier zurückgeblieben.

HERMANN.
Ja, Kind, die Sach' hat ihre Richtigkeit.
Ich warte nur auf Astolf noch,
Deshalb gemessne Ordre ihm zu geben.
Sobald ich Varus' Heer beim Strahl des nächsten Tages
Im Teutoburger Wald erreicht,
Bricht Astolf hier im Ort dem Crassus los;
Die ganze Brut, die in den Leib Germaniens
Sich eingefilzt wie ein Insektenschwarm,
Muß durch das Schwert der Rache jetzo sterben.

THUSNELDA.
Entsetzlich! Crassus, Wie? mit allen Römern?

HERMANN.
Mit allen, Kind; nicht einer bleibt am Leben!
Vom Kampf, mein Thuschen, übrigens,
Der hier im Ort gekämpft wird werden,
Hast Du auch nicht das Mindeste zu fürchten;
Und überdies noch bleibt ein eigner Kriegerhaufen
Zum Schutze Dir bei diesem Zelt zurück.

THUSNELDA.
Crassus? Nein, sag' mir an! mit allen Römern —
Die Guten mit den Schlechten, rücksichtslos?

HERMANN.
Die Guten mit den Schlechten. — Was! die Guten!
Das sind die Schlechtesten! der Rache Keil
Soll sie zuerst vor allen Andern treffen!

THUSNELDA.
Zuerst! Unmenschlicher! wie Mancher ist,
Dem wirklich Dankbarkeit Du schuldig bist. —

HERMANN.
Daß ich nicht wüßte! Wem?

THUSNELDA.
Das fragst Du noch!

HERMANN.
Nein, in der Tat; Du hörst, ich weiß von nichts.
Nenn' einen Namen mir!

THUSNELDA,
Dir einen Namen!
So mancher Einzelne, der in den Plätzen
Auf Ordnung hielt, das Eigentum beschützt —

HERMANN.
Beschützt! Du bist nicht klug! das taten sie,
Es um so besser unter sich zu teilen.

THUSNELDA.
(Mit steigender Angst.)
Du Unbarmherz'ger! Ungeheuerster!
— So hätt' auch der Centurio,
Der bei dem Brande in Thuiskon jüngst
Die Heldentat getan, Dir kein Gefühl entlockt?

HERMANN.
Nein — was für ein Centurio?

THUSNELDA.
Nicht? nicht?
Der junge Held, der mit Gefahr des Lebens
Das Kind auf seiner Mutter Ruf
Dem Tod der Flammen mutig jüngst entrissen? —
Er hätte kein Gefühl der Liebe Dir entlockt?

HERMANN.
(Glühend.)
Er sei verflucht, wenn er mir das getan!
Er hat auf einen Augenblick
Mein Herz veruntreut, zum Verräter
An Deutschlands großer Sache mich gemacht!
Warum setzt' er Thuiskon nicht in Brand?
Ich will die höhnische Dämonenbrut nicht lieben!
So lang' sie in Germanien trotzt,
Ist Haß mein Amt und meine Tugend Rache!

THUSNELDA.
(Weinend.)
Mein liebster, bester Herzens-Hermann,
Ich bitte Dich um des Ventidius Leben!
Das eine Haupt nimmst Du von Deiner Rache aus!
Laß', ich beschwöre Dich, laß mich ihm heimlich melden,
Was über Varus Du verhängt;
Mag er ins Land der Väter rasch sich retten?

HERMANN.
Ventidius? Nun gut. Weil es mein Weibchen ist,
Das für ihn bittet, mag er flieh'n;
Sein Haupt soll meinem Schwert, so wahr ich lebe,
Um dieser schönen Regung heilig sein!

THUSNELDA.
(Küßt seine Hand.)
O Hermann! ist es wirklich wahr? o Hermann!
Du schenkst sein Leben mir?

HERMANN.
Du hörst. Ich schenk's ihm.
Sobald der Morgen eingebrochen,
Steckst Du zwei Wort' ihm heimlich zu,

Er möchte gleich sich übern Rheinstrom retten;
Doch eher nicht, hörst Du, das bitt' ich sehr,
Als bis der Morgen angebrochen!
Der Anschlag darf nicht etwa durch ihn scheitern!

THUSNELDA.
(Indem sie sich die Tränen trocknet.)
Nein, nein! ich schwör's Dir zu: kurz vor der Sonn' erst
Kurz vor der Sonn' erst soll er es erfahren!
Und daß der Jüngling auch nicht etwa,
Der törichte, um dieses Briefs
Mit einem falschen Wahn sich schmeichele,
Will ich den Brief in Deinem Namen schreiben;
Ich will mit einem höhnischen Wort ihm sagen:
Bestimmt wär' er, die Post vom Untergang des Varus
Nach Rom an seinen Kaiserhof zu bringen!

HERMANN.
(Heiter.)
Das tu'! Das ist sehr klug. — Sieh' da, mein schönes Thuschen!
Ich muß Dich küssen. —
Doch, was ich sagen wollte —
Hier ist die Locke wieder, schau,
Die er Dir jüngst vom Scheitel abgelöst;
Sie war, als eine Probe Deiner Haare,
Schon auf dem Weg nach Rom: jedoch ein Schütze bringt,
Der in den Sand den Boten streckte,
Sie wieder in die Hände mir zurück.
(Er gibt ihr den Brief, worin die Locke eingeschlagen.)

THUSNELDA.
(Indem sie den Brief entfaltet.)
Die Lock'? o was! um die ich ihn verklagt?

HERMANN.
Dieselbe, ja!

THUSNELDA.
Sieh´ da! wo kommt sie her?
Du hast sie dem Arkadier abgefordert?

HERMANN.
Ich? o behüte!

THUSNELDA.
Nicht? — ward sie gefunden?

HERMANN.
Gefunden, ja, in einem Brief, Du siehst,
Den er nach Rom hin gestern früh
An Livia, seine Kaiserin, abgefertigt.

THUSNELDA.
In einem Brief? an Kaiserin Livia?

HERMANN.
Ja, lies die Aufschrift nur! Du hältst den Brief.
(Indem er mit dem Finger zeigt.)
„An Livia, Roms große Kaiserin."

THUSNELDA.
Nun? und? Freund, ich versteh´ kein Wort!
— Wie kamst Du zu dem Brief? wer gab ihn Dir?

HERMANN.
Ein Zufall nur, wie ich Dir schon gesagt!
Ein Brief, mit vielen andern noch,
Ward einem Boten abgejagt,
Der nach Italien ihn bringen sollte.
Den Boten warf ein guter Pfeilschuß nieder,
Und sein Packet, worin die Locke,
Hat mir der Schütze eben überbracht.

THUSNELDA.
Das ist ja seltsam, das, so wahr ich lebe! —
Was sagt Ventidius denn darin?

HERMANN.
Er sagt: —
Laß sehn! ich überflog ihn nur. Was sagt er?
(Er guckt hinein.)

THUSNELDA
(Liest.)
„Varus, o Herrscherin, steht mit den Legionen
Nun in Cheruska siegreich da,
Cheruska, fass' mich wohl, der Heimat jener Locken,
Wie Gold so hell und weich wie Seide,
Die Dir der heitre Markt von Rom verkauft.
Nun bin ich jenes Wortes eingedenk,
Das Deinem schönen Mund, Du weißt,
Als ich zuletzt Dich sah, im Scherz entfiel.
Hier schick ich von dem Haar, das ich Dir zugedacht,
Und das sogleich, wenn Hermann sinkt,
Die Schere für Dich ernten wird,
Dir eine Probe zu, mir klug verschafft;
Es ist vom Haupt der ersten Frau des Reichs,
Vom Haupt der Fürstin selber der Cherusker!"
— Ei, der Verfluchte!
(Sie sieht Hermann an und dann wieder in den Brief.)
Nein, ich las wohl falsch?

HERMANN.
Was? Steht es anders in dem Briefe da?
Er sagt —

THUSNELDA.
„Hier schick, ich von dem Haar", sagt er,
„Das ich Dir zugedacht und das sogleich,
Wenn Hermann sinkt — die Schere für Dich ernten
wird —"
(Die Sprache geht ihr uns.)

HERMANN.
Nun ja; er will — verstehst Du's nicht?

THUSNELDA.
(Wirft sich auf einen Sessel nieder.)
O Hertha!
Nun mag ich diese Sonne nicht mehr sehn!
(Sie verbirgt ihr Haupt.)

HERMANN.
(Leise flüsternd.)
Mein Weib, — blick' auf! er ist ja noch nicht fort.
(Er folgt ihr und ergreift ihre Hand.)

THUSNELDA.
Geh, laß' mich sein!

HERMANN.
(Beugt sich ganz über sie.)
Heut, wenn die letzte Nacht den Römern sinkt,
Schlägt Dir der Rache süße Stunde ja!

THUSNELDA.
Geh, geh, ich bitte Dich! verhaßt ist Alles,
Die Welt mit, Du mir, ich — laß´ mich allein!

HERMANN.
(Fällt vor ihr nieder.)
O Du! mein schönes Weib! Wie rührst Du mich!
(Kriegsmusik draußen.)

9. Auftritt.

Eginhardt und Cherusker *(treten auf)*. Dann Gertrud. Die Vorigen.

EGINHARDT.
Mein Fürst, die Hörner rufen Dich! brich auf!

HERMANN.
(Steht auf.)
Gertrud!

EGINHARDT.
Was fehlt der Königin?

HERMANN.

Nichts, nichts!
(Die Frauen der Thusnelda treten auf.)
Hier! sorgt für Eure Frau! Ihr seht, sie weint.
(Er nimmt Schild und Spieß.)
Astolf ist von dem Kriegsplan unterrichtet?

EGINHARDT.

Er weiß von Allem.

HERMANN.

Sechshundert Krieger bleiben ihm
In Teutoburg zurück und ein Gezelt mit Waffen,
Cheruskas ganzes Volk damit zu rüsten.
Teuthold und seinen Anhang waffnest Du
Um Mitternacht, wenn Alles schläft, zuerst.

EGINHARDT.

(Besorgt.)
Mein bester Fürst! Willst Du Astolf nicht lieber
Nach Norden an den Lippstrom schicken,
Cheruska vor dem Pästus zu beschirmen.

HERMANN.

Nichts, nichts, mein alter Freund! was fällt Dir ein?
Kampf ich auch für den Sand, auf den ich trete?
Kampf ich für meine Brust?
Cheruska schirmen! was! Wo Hermann steht, da siegt er,
Und mithin ist Cheruska da.
(Er wendet sich zu Thusnelda.)
Leb' wohl, Thusnelda, mein geliebtes Weib!
Astolf wird Deine Rache übernehmen.

THUSNELDA.

(Steht auf.)
An dem Ventidius?
(Sie drückt einen heißen Kuß auf seine Lippen.)
— Überlass' ihn mir!
Ich habe mich gefaßt, ich will mich rächen!

HERMANN.

Dir?

THUSNELDA.

Mir! Du sollst mit mir zufrieden sein.

(Der Vorhang fällt.)

VIERTER AKT.

Szene: Teutoburger Wald. Nacht, Donner und Blitz.

1. Auftritt.

Varus und mehrere Feldherrn, an der Spitze des römischen Heeres, mit Fackeln *(treten auf).*

VARUS.
Ruft: Halt! Ihr Feldherrn, den Kohorten zu!

DIE FELDHERRN.
(In der Ferne.)
Halt! — Halt!

VARUS.
(An einem Soldaten.)
Schaff mir die Boten her, die drei Cherusker,
Die an der Spitze gehn, ich will sie sprechen! — .
(Der Römer geht.)
Ward, seit die Welt in Kreisen rollt,
Solch ein Verrat erlebt? Cherusker führen mich,
Die man als Kundige des Landes mir
Mit breitem Munde rühmt, am hellen Tage irr'!
Rück ich nicht, um zwei Meilen zu gewinnen,
Bereits durch sechzehn volle Stunden fort?
Ward ein Versehn, daß man nach Pfiffi mich
Statt Iphikon geführt: wohlan, ich will es mind'stens,
Bevor ich weiterrücke, untersuchen.

ERSTER FELDHERR.
(In den Bart.)
Daß durch den Mantel doch, den sturmzerrissenen
Der Nacht, der um die Köpf' uns hängt,
Ein einz'ges Sternbild schimmernd niederblinkte!
Wenn auf je hundert Schritte nicht
Ein Blitzstrahl zischend vor uns niederkeilte,
Wir würden, wie die Eul' am Tage,
Haupt und Gebein uns im Gebüsch zerschellen!

ZWEITER FELDHERR.
Wir können keinen Schritt fortan
In diesem feuchten Mordgrund weiterrücken!
Er ist so zäh' wie Bogelleim geworden.
Das Heer schleppt halb Cheruska an den Beinen —

ERSTER FELDHERR.
Ja, ja, und wird noch, wie ein bunter Specht,
Zuletzt mit Haut und Haar dran kleben bleiben.
(Der erste Feldherr verliert sich.)

ZWEITER FELDHERR.
Pfiffikon! Iphikon! — was das, beim Jupiter!
Für eine Sprache ist! als schlüg' ein Stecken
An einen alten, rostzerfress'nen Helm!

VARUS.
Ein Greu'lsystem von Worten, nicht geschickt
Zwei solche Ding' wie Tag und Nacht
Durch einen eignen Laut zu unterscheiden.
Ich glaub, ein Tauber war's, der das Geheul erfunden,
Und an den Mäulern sehen sie sich's ab.

ZWEITER FELDHERR.
Dort kommen die Cherusker!

VARUS.
Bringt sie her!

2. Auftritt.

Der Soldat mit dem cheruskischen Boten und zwei andern Cheruskern. Die Vorigen.

VARUS.
Nach welchem Ort, sag' an, von mir benannt,
Hast Du mich heut von Arkon führen sollen?

DER BOTE.
Nach Pfiffikon, mein hochverehrter Herr!

VARUS.
Was, Pfiffikon! hab' ich nicht Jphi Dir
Bestimmt und wieder Iphikon genannt?

DER BOTE.
Vergieb, o Herr, Du nanntest Pfiffikon.
Zwar sprachst Du, nach der Römermundart,
Das leugn' ich nicht: „führt mich nach Iphikon";
Doch Hermann hat bestimmt uns gestern,
Als er uns unterrichtete, gesagt!
„Des Varus Wille ist, nach Pfiffikon zu kommen;
Drum tut nach mir, wie er auch ausspricht,
Und führt sein Heer auf Pfiffikon hinaus!"

VARUS.
Was!

DER BOTE.
Ja, mein erlauchter Herr, so ist's.

VARUS.
Woher kennt auch Dein Hermann meine Mundart?
Den Namen hatt' ich: Iphikon,
Ja schriftlich ihn! mit dieser Hand gegeben!

DER BOTE.
Darüber wirst Du ihn zur Rede stellen;
Doch wir sind schuldlos, mein verehrter Herr.

VARUS.
O wart'! — Wo sind wir jetzt?

DER BOTE.
Das weiß ich nicht.

VARUS.
Das weißt Du nicht, verwünschter Galgenstrick,
Und bist ein Bote?

DER BOTE.
Nein! wie vermöcht' ich das?
Der Weg, den Dein Gebot mich zwang
— Südwest quer durch den Wald hin einzuschlagen,
Hat in der Richtung mich verwirrt;
Mir war die große Straße nur
Von Teutoburg nach Pfiffikon bekannt.
Nach Allem doch, was ich ringsum erkenne,
Bist Du nicht weit von unserm Waldplatz Arkon.

VARUS.
Von Arkon? was! wo ich heut ausgerückt?
Daß Euch der Erde sinstrer Schooß verschlinge! —
Legt sie in Stricke! — und wenn sie jedes ihrer Worte
Hermann ins Antlitz nicht beweisen können,
So hängt der Schufte einen auf
Und gerbt den beiden anderen die Rücken!
(Die Boten werden abgeführt.)

3. Auftritt.

Die Vorigen ohne die Boten.

VARUS.
Was ist zu machen? — sieh´ da! ein Licht im Walde!

ZWEITER FELDHERR.
He, dort! wer schleicht dort?

VARUS.
Nun, beim Jupiter!
Seit wir den Teutoburger Wald durchzieh'n,
Der erste Mensch, der unserm Blick begegnet!

ZWEITER FELDHERR.
Es ist ein altes Weib, das Kräuter sucht.

4. Auftritt.

Eine Alraune *(tritt auf, mit Krücke und Laterne).* Die Vorigen.

VARUS.
Auf diesem Weg, den ich im Irrtum griff,
Stammütterchen Cheruskas, sag' mir an,
Wo komm' ich her? wo bin ich? wohin wandr' ich?

DIE ALRAUNE.
Varus, o Feldherr Roms, das sind drei Fragen!
Auf mehr nicht kann mein Mund Dir Rede steh'n!

VARUS.
Sind deine Worte so geprägt,
Daß Du wie Stücken Goldes sie berechnest?
Wohlan, es sei, ich bin damit zufrieden!
Wo komm' ich her?

DIE ALRAUNE.
Aus Nichts, Quintilius Varus!

VARUS.
Aus Nichts? — Ich komm' Arkon heut.
— Die römische Sibylle, seh' ich wohl,
Und jene Wunderfrau von Endor bist Du nicht.
— Laß' sehn, wie Du die andern Punkt' erledigst!
Wenn Du nicht weißt, woher des Wegs ich wandre:
Wenn ich südwestwärts, sprich, den Weg verfolge,
Wo geh' ich hin?

DIE ALRAUNE.
Ins Nichts, Quintilius Varus!

VARUS.
Ins Nichts? — Die singst ja wie ein Rabe!
Von wannen kommt Dir diese Wissenschaft?
Eh' ich in Charons Rachen steige, denk' ich zweimal noch
Rom als ein Sieger fröhlich zu durchschreiten!
Das hat ein Priester Jovis mir vertraut.
— Triff, bitt' ich Dich, der dritten Frage,
Die Du vergönnt mir, besser auf die Stirn!
Du siehst, die Nacht hat mich Verirrten überfallen.
Wo geh' ich her? Wo geh' ich hin?
Und wenn Du das nicht weißt, wohlan:
Wo hin ich? sag' mir an, das wirst Du wissen;
In weicher Gegend hier befind' ich mich?

DIE ALRAUNE.
Zwei Schritt vom Grab, Quintilius Varus,
Hart zwischen Nichts und Nichts! gehab' Dich wohl!
Das sind genau der Fragen drei;

Der Antwort mehr auf dieser Heide
Gibt die cheruskische Alraune nicht!
(Sie verschwindet.)

5. Auftritt.

Die Vorigen, ohne die Alraune.

VARUS,

Sieh da!

ZWEITER FELDHERR.
Beim Jupiter, dem Gott der Welt!
Was war das?

VARUS.

Wo?

ZWEITER FELDHERR.
Hier, wo Der Pfad sich kreuzet!
Beim Orkus! eine Hexe! haltet sie!
Da schimmert die Laterne noch!

VARUS.

(Niedergeschlagen.)
Laßt, laßt!
Sie hat des Lebens Fittig mir
Mit ihrer Zunge scharfem Stahl gelähmt!

6. Auftritt.

Erster Feldherr *(tritt auf)*. Die Vorigen.

ERSTER FELDHERR.
Nun das — beim Styx! hollah, Ihr Römer, auf!

VARUS.
Was gibt's? was bringst Du mir?

ERSTER FELDHERR.
Quintilius, zu den Waffen, sag' ich Dir!
Marbod hat übern Weserstrom gesetzt!
Auf weniger denn tausend Schritte
Steht er mit seinem ganzen Suevenheere da!

VARUS.
Marbod! was sagst Du mir?

ZWEITER FELDHERR.
Bist Du bei Sinnen?

VARUS.
Von wem kommt Dir die aberwitz'ge Kunde?

ERSTER FELDHERR.
Die Kunde? was! beim Zeus, hier von mir selbst!
Dein Vortrab stieß soeben auf den seinen,
Bei welchem ich im Schein der Fackeln
Soeben durch die Büsche ihn gesehn!

VARUS.
Fulvius Lepidus, der Legat Roms,
Der eben jetzt aus Marbods Lager
Hier angelangt, hat ihn vorgestern
Ja noch jenseits des Weserstroms verlassen.

ERSTER FELDHERR.
Mein Feldherr, frage mich nach nichts!
Schick Deine Späher aus und überzeuge Dich!
Marbod, hab' ich gesagt, steht mit dem Herr der Sueven.
Auf Deinem Weg zur Weser aufgepflanzt;
Hier diese Augen haben ihn gesehn!

VARUS.
Was soll dies alte Herz fortan nicht glauben?
Kommt her und sprecht: Marbod und Hermann
Verstünden heimlich sich in dieser Fehde,
Und so wie Der im Antlitz mir,
So stände Der mir schon im Rücken,
Mich hier mit Dolchen in den Staub zu werfen:
Beim Styx! ich glaubt es noch; ich habs' schon vor drei Tagen,
Als ich den Lippstrom überschifft, geahnt!

ZWEITER FELDHERR.
Quintilius, wie? Gib mir ein Häuflein Römer,
Den Wald, der Dich umdämmert, zu durchspähn
Die Schar, auf die Dein Vordertrab gestoßen,
Ist eine Horde noch zuletzt,
Die hier den Uren und den Bären jagt.

VARUS.
(Sammelt sich.)
Auf! — drei Centurien geb' ich Dir!
— Bring' Kunde mir, wenn Du's vermagst,
Von seiner Zahl; verstehst Du mich?
Und seine Stellung auch im Wald erforsche;
Jedoch vermeide sorgsam ein Gefecht!
(Der zweite Feldherr ab.)

7. Auftritt.

Varus *(im Hintergrund das Römerheer)*.

VARUS.
O Priester Zeus', hast Du den Raben auch,
Der Sieg mit zu verkünd'gen schien, verstanden?
Hier war ein Rabe, der mir prophezeit,
Und seine heis're Stimme sprach: das Grab!

8. Auftritt.

Der zweite Feldherr *(kommt mit einem römischen Soldaten zurück)*. Die Vorigen.

ZWEITER FELDHERR.
Hier schickt man einen Boten, Varus, Dir zu melden,
Daß Hermann, der Cheruskerfürst,
Im Teutoburger Wald soeben eingetroffen;
Der Vortrab seines Heeres, Dir hilfreich zugeführt,
Berührt den Nachtrab schon des Deinigen!

VARUS.
Was sagst Du?

ERSTER FELDHERR.
Hermann? — hier in diesem Wald?

VARUS.
(Wild.)
Bei allen Furien der flammenvollen Hölle!
Wer hat ihm Fug und Recht gegeben,
Heut weiter als bis Arkon vorzurücken?
Fleuch gleich zu seinen Scharen hin
Und ruf' mir den Septimius, hörst Du,
Den Feldherrn her, den ich ihm zugeordnet!
Dahinter, fürcht' ich sehr, steckt eine Meuterei,
Die ich sogleich ans Tageslicht will zieh'n!

9. Auftritt.

Aristan, Fürst der Ubier, tritt eilig auf. Die Vorigen.

ARISTAN.
Verräterei! Verräterei!
Marbod und Hermann stehn im Bund, Quintilius!
Den Teutoburger Wald umringen sie,
Mit Deinem ganzen Heere Dich
In der Moräste Tiefen zu ersticken!

VARUS.
Daß Du zur Eule werden müßtest
Mit Deinem mitternächtlichen Geschrei!
— Woher kommt Dir die Nachricht?

ARISTAN.

Mir die Nachricht?—
Hier lies den Brief, bei allen Römergöttern!
Den er mit Pfeilen eben jetzt
Ließ; in die Feu'r der Deutschen schießen,
Die Deinem Heereszug hierher gefolgt!
(Er gibt ihm einen Zettel.)
Er spricht von Freiheit, Vaterland und Rache,
Ruft uns — ich bitte Dich! der gift'ge Meuter, auf,
Uns mutig seinen Scharen anzuschließen,
Die Stunde hätte Deinem Heer geschlagen,
Und droht, jedwedes Haupt, das er in Waffen
Erschauen wird, die Sache Roms verfechtend,
Mit einem Beil vom Rumpf herab zum Kuß
Auf der Germania heil'gen Grund zu nöt'gen!

VARUS.

(Nachdem er gelesen.)
Was! sagten die germanischen Herrn dazu?

ARISTAN.

Was sie dazu gesagt? die gleißnerischen Gauner!
Sie fallen alle von Dir ab!
Fust rief zuerst, der Cimbern Fürst,
Die Andern gleich auf dieses Blatt zusammen;
Und unter einer Fichte, eng
Die Häupter an einander drückend,
Stand einer Glucke gleich die Rotte der Rebellen
Und brütete Gott weiß, welch' eine Untat aus,
Mordvolle Blick auf mich zur Seite werfend,
Der aus der Ferne sie in Aufsicht nahm!

VARUS.

(Scharf.)
Und Du, Verräter, folgst dem Aufruf nicht?

ARISTAN.

Wer? ich? dem Ruf Arminius? — Zeus' Donnerkeil
Soll mich hier gleich zur Erde schmettern,
Wenn der Gedank' auch nur mein Herz beschlich!

VARUS.

Gewiß? gewiß? — Daß mir der schlecht´ste just
Von allen deutschen Fürsten bleiben muß! —
Doch kann es anders sein? — O Hermann, Hermann!
So kann man blondes Haar und blaue Augen haben

Und doch so falsch sein wie ein Punier?
Auf! noch ist Alles nicht verloren. —
Publius Sextus!

ZWEITER FELDHERR.
Was gebeut mein Feldherr?

VARUS.
Nimm die Kohorten, die den Schweif nur bilden,
Und wirf die deutsche Hilfsschar gleich,
Die meinem Zug hierher gefolgt, zusammen!
Zur Hölle mitleidlos, eh' sie sich noch entschlossen,
Die ganze Meuterbrut herab!
Es fehlt mir hier an Stricken, sie zu binden!
(Er nimmt Schild und Spieß aus der Hand eines Römers.)
Ihr aber — folgt mir zu den Legionen!
Arminius, der Verräter, wähnt
Mich durch den Anblick der Gefahr zu schrecken;
Laß' sehn, wie er sich fassen wird,
Wenn ich, die Waffen in der Hand,
Gleich einem Eber jetzt hinein mich stürze!
(Alle ab.)

Verwandlung.
Szene: Eingang des Teutoburger Waldes.

10. Auftritt.

Mehrere Feldherrn und Hauptleute stehen versammelt. Fackeln. Im Hintergrunde das Cheruskerheer.

ERSTER HAUPTMANN.
Hier, meine Freunde! Sammelt Euch um mich!
Ich will das Wort Euch mutig führen!
Denkt, daß die Sueven Deutsche sind wie Ihr,
Und wie sich seine Red' auch wendet,
Verharrt bei dem Entschluß nur, nicht zu fechten!

ZWEITER FELDHERR.
Hier kommt er schon, doch rat' ich Vorsicht an!

11. Auftritt.

Hermann und Luitgar treten auf. Die Vorigen.

HERMANN.
(In die Ferne schauend.)
Siehst Du die Feuer dort?

LUITGAR.
Das ist der Marbod! —
Er gibt das Zeichen Dir zum Angriff schon.

HERMANN.
Rasch! daß ich keinen Augenblick verliere.
(Er tritt in die Versammlung.)
Kommt her, Ihr Feldherrn der Cherusker!
Ich hab' Euch etwas Wicht'ges zu entdecken.

ERSTER HAUPTMANN.
(Indem er vortritt.)
Mein Fürst und Herr, eh' Du das Wort ergreifst,
Vergönn auf einen Augenblick
In Deiner Gnade Du die Rede mir!

HERMANN.
Dir? — rede!

ERSTER HAUPTMANN.
Wir folgten Deinem Ruf
Ins Feld des Tod´s. Die weißt, vor wenig Wochen,
Im Wahn, den Du geschickt erregt,
Es gelte Rom und die Tyrannenmacht,
Die unser heil'ges Vaterland zertritt.
Des Tages neueste, unselige Geschichte
Belehrt uns doch, daß wir uns schwer geirrt;
Da Du August, dem Feind, Dich hast verbunden,
Und rückst um eines nichtgen Streits
Marbod, dem deutschen Völkerherrn entgegen.
Und kurz, daß ich's, o Herr, mit einem Wort Dir melde:
Dein Heer verweigert mutig Dir den Dienst;
Es folgt zum Sturm nach Rom Dir, wenn Du willst,
Doch in des wackern Marbod Lager nicht.

HERMANN.
(Sieht ihn an.)
Was! hört' ich recht?

LUITGAR.
Ihr Götter des Olymps!

HERMANN.
Ihr weigert, Ihr Verräter, mir den Dienst?

LUITGAR.
(Ironisch.)
Sie weigern Dir den Dienst, Du hörst! sie wollen
Nur gegen Varus' Legionen fechten!

HERMANN.
(Indem er sich den Helm in Die Augen drückt.)
Nun denn, bei Wodans erznem Donnerwagen,
So soll ein grimmig Beispiel doch
Solch' eine schlechte Regung in Dir strafen!
— Gib Deine Hand mir her!
(Er steckt ihm die Hand hin.)

ERSTER HAUPTMANN.
Wie, mein Gebieter?

HERMANN.
Mir Deine Hand, sag' ich! Du sollst, Du Römerfeind,
Noch heut auf ihrer Adler einen
Im dichtesten Gedräng des Kampfes mir treffen!
Noch eh' die Sonn' entwich, das merk' Dir wohl,
Legst Du ihn hier zu Füßen mir danieder!

ERSTER HAUPTMANN.
Auf wen, mein Fürst? Vergieb, daß ich erstaune!
Ist's Marbod nicht, dem Deine Rüstung —

HERMANN.
Marbod?
Meinst Du, daß Hermann minder deutsch gesinnt
Als Du? — Der ist hier diesem Schwert verfallen,
Der Marbods greisem Haupt ein Haar nur krümmt! —
Auf meinen Ruf, Ihr Brüder, müßt Ihr wissen,
Steht er auf jenen Höh´n, durch eine Botschaft
Mir vor vier Tagen heimlich schon verbunden!
Und kurz, daß ich mich gleichfalls rund erkläre:
Auf, Ihr Cherusker zu den Waffen;
Doch ihm nicht, Marbod, meinem Freunde,
Germaniens Henkersknecht, Quintilius Varus gilt's!

LUITGAR.
Das war's, was Hermann Euch zu sagen hatte.

ERSTER HAUPTMANN.
(Freudig.)
Ihr Götter!

DIE FELDHERRN UND HAUPTLEUTE.
(Durcheinander.)
Tag des Jubels und der Freude!

DAS CHERUSKERHEER.
(Jauchzend.)
Heil, Hermann, Heil Dir! Heil, Sohn Siegmars, Dir!
Daß Wodan Dir den Sieg verleihen mög'!

12. Auftritt.

Wolf geleitet von zwei Cheruskern, zu den Vorigen.

WOLF.
Wohl mir! Zur rechten Zeit komm' ich noch an,
Um einzustimmen in der Freude Ruf!

HERMANN.
Vor Allen grüß ich Dich mit Herzensfreude.
So hat Dich meine Botschaft noch erreicht?

WOLF.
Du siehst´s und Alles ist zum Schlagen fertig.
So eben brachte man Septimius als Gefang'nen.

HERMANN.
Vielleicht, daß er mein Heer noch ordnen will
Nach Römer Art? — Man führ' ihn gleich zurück
Nach Teutoburg. wo ihn sein Spruch erwartet.
Beim ersten Zeichen eines Widerstands
Befruchte gleich sein Blut Germaniens Boden.
Geht Ihr und meldets ihm in meinem Namen:
Sagt ihm, sein Amt sei aus, und meine Scharen
Werd' ich, Hermann Armin, fortan auch führen
Nach deutscher Art, nur zu der Römer Schmach!
(Die zwei Cherusker gehen auf Hermanns Wink.)

DAS HEER.
(In der Ferne.)
Hurra! Hurra! der Nornentag bricht an!

HERMANN.
Steckt das Fanal in Brand, Ihr Freunde,
Zum Zeichen Marbod und den Sueven,
Daß wir nunmehr zum Schlagen fertig sind!
(Ein Fanal wird angesteckt.)
Die Barden! he! wo sind die süßen Alten
Mit ihrem herzerhebenden Gesang?

LUITGAR.
Ihr Sänger, he! wo steckt Ihr?

ERSTER HAUPTMANN.
Ha, schau' her!
Dort auf dem Hügel, wo die Fackeln schimmern!

LUITGAR.
Horch! sie beginnen Dir das Schlachtlied schon!
(Musik.)

CHOR DER BARDEN.
(Aus der Ferne.)
Wir litten menschlich seit dem Tage,
Da jener Fremdling eingerückt;
Wir rächten nicht die erste Plage,
Mit Hohn auf uns herabgeschickt;
Wir übten nach der Götter Lehre
Uns durch viel Jahre im Verzeih´n;
Doch endlich drückt des Joches Schwere,
Und abgeschüttelt will es sein!

*(Hermann hat sich mit vorgestützter Hand an den Stamm einer
Eiche gelehnt. — Feierliche Pause. — Die Feldherrn sprechen
heimlich mit einander.)*

WOLF.

(Nähert sich ihm.)
Hermann, vergib! die Stunde drängt:
Noch hast Du nicht den Plan der Schlacht —

HERMANN.

(Wendet sich.)
Gleich, gleich!—
— Du, Bruder, sprich für mich, ich bitte Dich.
(Er sinkt heftig bewegt wieder an die Eiche zurück.)

HAUPTMANN.

Was sagt er?

LUITGAR.

Was?

WOLF.

Laßt ihn! —— Er wird sich fassen.
Kommt her, daß ich den Schlachtplan Euch entdecke!
(Er versammelt die Anführer um sich.)
Wir stürzen uns, das Heer zum Keil geordnet,
Hermann und ich vorn an der Spitze,
Grad' auf den Feldherrn des Augustus ein.
Sobald ein Riß das Römerheer gesprengt,
Nimmst Du die erste Legion,
Die zweite Du, die dritte Du!
In Splittern völlig fällt es auseinander.
Das Endziel ist, den Marbod zu erreichen;
Wenn wir zu diesem mit dem Schwert
Uns kämpfend einen Weg gebahnt,
Wird der uns weitere Befehle geben.

CHOR DER BARDEN.

(Fällt wieder ein.)
Du wirst nicht wanken und nicht weichen
Vom Amt, das Du Dir kühn erhöht,
Die Regung wird Dich nicht beschleichen,
Die Dein getreues Volk verrät.
Du bist so mild, o Sohn der Götter,
Der Frühling kann nicht milder sein;
Sei schrecklich heut, ein Schlossenwetter,
Und Blitze laß' Dein Antlitz spein!
*(Die Musik schweigt. — kurze Pause. — Ein Hörnertusch in der
Ferne.)*

HERMANN.
(In ihre Mitte tretend.)
Antwortet! das war Marbod!
(Ein Hörnertusch in der Nähe.)
Auf! — Mana und die Helden von Walhalla!
(Er bricht auf.)

LUITGAR.
(Tritt ihn an.)
Ein Wort, mein Herr und Herrscher! hört mich!
Wer nimmt die Deutschen, — das vergaßt Ihr, —
Die sich dem Zug der Römer angeschlossen?

HERMANN.
Niemand, mein Freund! Es soll kein deutsches Blut
An diesem Tag von deutschen Händen fließen!

LUITGAR.
Was! Niemand! höre ich recht? Es wär' Dein Wille —?

HERMANN.
Niemand! so wahr mir Wodan helfen mög'!
Sie sind mir heilig; ich berief sie,
Sich mutig unsern Scharen anzuschließen.

LUITGAR.
Was! die Verräter, Herr, willst Du verschonen,
Die grimm´ger als die Römer selbst
In der Cheruska Herzen wüteten?

HERMANN.
Vergebt! vergeßt! versöhnt! umarmt! und liebt! Euch!
Das sind die Wackersten und Besten,
Wenn es nunmehr die Römerrache gilt! —
Hinweg! — verwirre das Gefühl mir nicht!
Varus und die Kohorten, sag' ich Dir,
Das ist der Feind, dem dieser Busen schwillt!
(Alle ab.)

(Der Vorhang fällt.)

FÜNFTER AKT.

Szene: Teutoburger Wald. Schlachtfeld. Es ist Tag

1. Auftritt.

Marbod, von Feldherrn umringt, neben ihm Attarin, steht auf einem Hügel und schaut in die Ferne. Komar tritt auf.

KOMAR.
Sieg! König Marbod! Sieg! und wieder Sieg!
Von allen zweiunddreißig Seiten,
Durch die der Wind in Deutschlands Felder bläst!

MARBOD.
(Von dem Hügel herabsteigend.)
Wie steht die Schlacht? sag' an!

ATTARIN.
Laß hören, Komar,
Und spar' die lufterfüllten Worte nicht!

KOMAR.
Wir rückten, wie Du weißt, beim ersten Strahl der Sonne,
Arminius´ Plan gemäß, auf Die Legionen los;
Doch hier im Schatten ihrer Adler,
Hier wütete die Zwietracht schon:
Die deutschen Völker hatten sich empört
Und rissen heulend ihre Kette los.
Dem Varus eben doch, — der schnell mit allen Waffen,
Dem pfeilverletzten Eber gleich,
Auf ihren Haufen fiel. — erliegen wollten sie,
Als Brunold hilfreich schon mit Deinem Heer erschien
Und, ehe Hermann noch den Punkt der Schlacht erreicht,
Die Schlacht der Freiheit völlig schon entschied.
Zerschellt ward nun das ganze Römerheer,
Gleich einem Schiff, gewiegt in Klippen,
Und nur die Scheitern hilflos irren
Noch auf dem Ozean des Siegs umher!

MARBOD.
So traf mein Heer der Sueven wirklich
Auf Varus früher ein als die Cherusker?

KOMAR.
Sie trafen früher ihn! Ariminius selbst,
Er wird gesteh'n, daß Du die Schlacht gewannst!

MARBOD.
Auf jetzt, daß ich den Trefflichen begrüße!

DIE SUEVEN.
Heil König Marbod! Heil Armininus! *(Alle ab.)*

2. Auftritt.

Varus.

VARUS.

(Tritt verwundet auf.)
Da sinkt die große Weltherrschaft von Rom
Vor eines Wilden Witz zusammen
Und kommt, die Wahrheit zu gestehn,
Mir wie ein dummer Streich der Knaben vor!
Rom, wenn, gebläht von Glück, Du mit drei Würfeln doch
Nicht neunzehn Augen werfen wolltest!
Die Zeit noch kehrt sich wie ein Handschuh um,
Und über uns seh' ich die Welt regieren
Jedwede Horde, die der Kitzel treibt. —
Da naht der Derwisch mir, Armin, der Fürst der Uren,
Der diese Sprüche mich gelehrt. —
Der Rhein, wollt' ich, wär' zwischen mir und ihm!
Soll ich erwarten, wie er noch mit Hohn
Von mir den Dank für seine Lehren fordert,
Daß ich errötend wie ein Knabe steh' —?
(Nach der andern Seite blickend.)
Ha! dort auch her —? von allen Seiten drängt
Die Schmach sich an den überwund'nen Toren!
(Auf sein Schwert blickend.)
Bleibst Du getreu mir wohl —? so laß' mich prüfen,
Ob Du noch Römertugend mit mir übst.
Halt fest! Und möge hier des Moores Schilf
Den toten Mann verbergen vor der Welt.
*(Indem er sich nach dem vorn zur Seite hereinragenden Schilf
wendet, wirft er sich in sein Schwert und stirbt.)*

3. Auftritt.

Hermann. Fust. Dann: Selgar. Thuiskomar. Gefolge.

HERMANN.

(Mit bloßem Schwert von der linken Seite.)
Wo bist Du, Varus? Höhr's! Dein Reich ist aus!

FUST.

(Ihm folgend.)
Hier sah' ich ihn! Er muß Dich hören können!
O könnt' ich ihm noch gegenüber steh'n!
Er hat in Schmach und Schande mich gestürzt,
An Deutschland, meinem Vaterlande,
Der Mordknecht, zum Verräter mich gemacht;
Den Schandfleck wasch' ich ab mit seinem Blute.

HERMANN.

Nein, Fust, das ist mein Amt! Wie? Willst Du mir
Des Tages höchste Ehre streitig machen?

FUST.
Du hast genug des Ruhmes, gönn' ihn mir!
Wo bist Du, Varus? Wolf vom Tiberstrande!
(Selgar, Thuiskomar. kommen von der andern Seite aus dem Hintergrunde.)

HERMANN.
Hollah! Ihr Freunde! Wenn Ihr's redlich meint,
Schafft Römer her!

SELGAR.
Für diesmal darfst Du nicht
Sie unter den Lebendigen mehr suchen,
Sie decken weit umher den Mooresgrund!

THUISKOMAR.
Sieh da, wer liegt im Schilf?

FUST.
Ein Römer, wo?

THUISKOMAR.
Ist's Varus selber?

FUST.
Nein, das sage nicht!
(Betrachtet ihn.)
Und dennoch! Ja er ist's! Bei Mana!
Gestürzt ins eigne Schwert, wie's scheint. Das war
Von ihm die letzte Tücke gegen mich.
(Kleine Pause.)

HERMANN.
Nimm's, wie es ist! Und wohl ist's so am besten,
Er sollte nicht durch Einen fallen, nein!
Sein Tod war Deutschland! — Nehmt den Körper auf,
Sein Platz gebührt ihm bei den Siegestrophäen;
Tragt ihn nach Teutoburg, und laßt uns dort,
Wenn überall die Feinde sind getilgt
Und Rom kein Blut mehr abzuzapfen hat,
Mit Marbods Scharen froh zusammentreffen.
(Alle ab.)

Verwandlung.
Szene: Teutoburg. Ein Platz unter Trümmern.

4. Auftritt.

Eginhardt. Wolf *(mit seinen Kriegern)*. Cheruskische Hauptleute und Älteste.

ERSTER HAUPTMANN.
Das war ein heißer Kampf. Wir dachten nicht,
Daß Crassus sich so lang behaupten werde.

ZWEITER HAUPTMANN.
Er wehrte sich wie ein Verzweifelter.

EGINHARDT.
(Zu Wolf.)
Ihr kamt zur rechten Stunde, Fürst, hierher,
Den Untergang der Römer zu beschleun'gen.

WOLF.
Und auch den Untergang des Ortes selbst,
Mit tiefem Schmerz bewegt mich dieser Anblick.
Doch ging es anders, wär's nicht so geschehn.
(Zu den Cheruskern.)
Seht, ob vielleicht wo unter Trümmerhaufen
Ein Lebender noch zu entdecken ist.

ERSTER ÄLTESTER.
Dreihundert Römerleichen zählt' ich schon.
(Die Ältesten und Hauptleute mit den Kriegern entfernten sich allmälig nach verschiedenen Seiten.)

EGINHARDT.
Und Hermann, wie? Wo ist Der Herrliche?
Saht Ihr im Kampf ihn? Lebt er? Kommt er nicht?

WOLF.
Er lebt, so viel ich weiß, auch ging die Rede,
Er habe Varus selbst den Tod gegeben.
Septimius auch ist tot; mir war's nicht möglich,
Ihn, als Gefangenen, vor der Wut zu schützen,
Die unsre Krieger fürchterlich ergriff.
Doch Einen noch sucht' ich vergeblich hier
Für meinen Spieß, — Ventidius, der Legat —?

EGINHARDT.
(Wendet sich mit Zeichen des Entsetzens ab.)

WOLF.
Was sagt Ihr — wie? Entrann er gar der Rache?

EGINHARDT.
Ich wollte fast, so wär's, denn schrecklich ist's,
Daß so der eitle Römer enden mußte.

WOLF.
Und wie? Was ist's, das Euch so sehr ergreift?

EGINHARDT.
Noch eh der Kampf um Teutoburg begonnen,
Als Alles noch in Still' und Dunkel lag, —
Die Römer schlafend, wir zum Kampf gerüstet,
Tönt' plötzlich and der nächt'gen Stille
Ein Schrei zu mir, der Mark und Bein durchdrang.

Ich sprang vom Lager eiligst auf, schon wähnend.
Daß irgendwo der Kampf zu früh begonnen,
Vielleicht auch, daß der Plan verraten ward,
Und daß uns selbst ein Überfall getroffen.
So dachten Andre mit mir, denn ich fand,
Da ich mein Lager schnell verließ, schon viele
Von unsern Streitern, wohlgerüstet an,
Gleich mir der Schreies Anlaß nachzuforschen.
Da ich dem Park mich nahte, kam mir Gertrud,
Der Fürstin Frau, entsetzensvoll entgegen,
Mich weiter reißend nach dem Gittertor.
Nicht sprechen konnte sie, ich aber sah,
Wie hinter jenem Gitter eine Bärin
Mit Tönen wilden Grimmes einen Körper,
Den eines Menschen, unter sich zerfleischte.
Es war Ventidius, der Unglücksel'ge,
Nur eine Leiche mehr, im Blute schwimmend.

WOLF.
Entsetzlich! Doch wie konnte das geschehn?

EGINHARDT.
Hört nur! Der Zwingerwärter kam herbei,
Der kurz zuvor, auf den Befehl der Fürstin
Die grimme Bärin in den Park gelassen.
Der Schlüssel aber zu dem Gittertor
War nirgends aufzufinden. Gertrud stürzte
Zu ihrer Herrin sich, der Fürstin, die nicht weit
Vom Gitter an die Mauer lehnte, starr
Und totenbleich, und plötzlich, wie in Ohnmacht
Ohn' auch nur einen Laut zusammenbrach.
Nun erst entwand man ihr den Schlüssel,
Und Childerich gelang's, die grimme Bärin
Von ihrem Opfer loszureißen.

WOLF.
Also war's
Die Fürstin selbst, die ihm den Tod bereitet?

EGINHARDT.
So ist es; Gertrud selbst, die ich befragte,
Sie hat mir's voll Entsetzen eingestanden.
Der kecke Römer, von dem Wahn geschmeichelt,
Cheruskas Fürstin liebend zu umarmen,
Die er in feiger Tücke schwer beleidigt,
Fiel so zum Opfer ihrer blut'gen Rache.

WOLF.
Ist's möglich, daß Thusnelda, welche stets
So gütig und so liebevoll gesinnt,
Sich also ganz zur Furie wandeln konnte!
Nun, ich beklag' es nicht, der deutsche Bär

Gab so für unsrer Feinde glatten Trug
Nach seiner Art die Antwort. Jene sind's,
Die unbeleidigt unsern Frieden höhnten,
Wir stehn in Wehr nur gegen unsre Räuber.

EGINHARDT.
Schon sandt' ich Hermann von dem Vorfall Kunde,
Die Fürstin aber, bleich und regungslos,
Nachdem sie aus der Ohnmacht ist erwacht,
Sprach noch kein Wort seitdem, nicht In den Frauen,
Und nicht zu mir.

WOLF.
Doch seht, ist's nicht Thusnelda,
Die mit den Frauen naht?

EGINHARDT.
Sie ist es wahrlich.
Und welch Getöse dringt von dort zu uns?
Ha! Unsre Krieger sind's, in langen Zügen
Und in des Sieges freudiger Bewegung!

5. Auftritt.

Vorige. Thusnelda und ihre Frauen. Ein Cherusker.

CHERUSKER.
Es kommt der Fürst! Hermann der Sieger kommt!

THUSNELDA.
(Richtet sich hoch auf.)
Soll ich ihn wieder haben? Hermann!

EGINHARDT.
Seht!
Auch die Verbündeten, Selgar und Dagobert!

6. Auftritt.

Die Vorigen. Hermann. Thuiskomar. Fust und Kriegsvolk. *(Von der andern Seite aus dem Hintergrunde)* Selgar und Dagobert mit Gefolge. Volk *(von allen Seiten)*.

WOLF.
Heil, Hermann! Heil Dir, Sieger der Kohorten!

EGINHARDT.
Germaniens Retter, Schirmer und Befreier!

HERMANN.
Willkommen, meine Freunde!

THUSNELDA.
(An seinem Busen.)
Mein Geliebter!

HERMANN.
(Empfängt sie.)
Mein schönes Weib, als Heldin grüß' ich Dich!
Wie groß und prächtig hast Du Wort gehalten!

THUSNELDA.
Das ist geschehn. Laß sein!

HERMANN.
Doch scheinst Du blaß?
(Er betrachtet sie mit Innigkeit. — Pause.)
Wie steht's, Ihr deutschen Herrn? Was bringt Ihr mir?

DAGOBERT.
Uns selbst, mit Allem jetzt, was wir besitzen!
Hally, die Jungfrau, die geschändete,
Die Du, des Vaterlandes Sinnbild,
Zerstückt in alle Stämme hast geschickt,
Hat unsrer Völker Langmut aufgezehrt.
In Waffen siehst Du ganz Germanien lodern,
Den Gräuel zu strafen, der sich hier verübt.

THUISKOMAR.
Wir aber stehen hier, Dich zu befragen,
Wie Du das Heer, das wir ins Feld gestellt,
Im Krieg nun gegen Rom gebrauchen willst?

HERMANN.
Harrt einen Augenblick, bis Marbod kommt!
Der wird bestimmteren Befehl Euch geben. —

WOLF.
Hier leg' ich Crassus Schwert Zu Füßen Dir!
Doch hier, o Herr, schau her! das sind die Folgen
Des Kampfs, den mit den Römern wir zu kämpfen hatten.
Ganz Teutoburg siehst Du in Schutt und Asche!

HERMANN.
Mag sein! wir bauen uns ein schönres auf.

EIN CHERUSKER.
(Tritt auf.)
Marbod, der Fürst der Sueven, naht sich Dir!
Du hast geboten, Herr, es Dir zu melden.

HERMANN.
Auf, Freunde! lass't uns ihm entgegeneilen!

Letzter Auftritt.

Marbod mit Gefolge *(tritt auf)*. Hinter ihm *(von einer Wache geführt,)* Aristan, Fürst der Ubier *(in Fesseln)*. Die Vorigen.

HERMANN.
(Beugt ein Knie vor ihm.)
Heil, Marbod, meinem edelmüt´gen Freund!
Und wenn Germanien meine Stimme hört:
Heil seinem großen Oberherrn und König!

MARBOD,
Steh auf, Armininus, wenn ich reden soll!

HERMANN.
Nicht eh'r, o Herr, als bis Du mir gelobt,
Nun den Tribut, der uns entzweite,
Von meinem Kämmrer huldreich anzunehmen!

MARBOD.
Steh' auf, ich wiederhole! Bin ich Dein König,
So ist mein erst Gebot an Dich: steh' auf!
(Hermann steht auf. Marbod beugt ein Knie vor ihm.)
Heil, ruf' ich, Hermann, Dir, dem Retter von Germanien!
Und wenn es meine Stimme hört:
Heil seinem würd'gen Oberherrn und König!
Das Vaterland muß einen Herrscher haben,
Und weil die Krone sonst, zur Zeit der grauen Väter,
Bei Deinem Stamme rühmlich war:
Auf Deine Scheitel falle sie zurück!

DIE SUEVISCHEN FELDHERRN.
Heil, Hermann! Heil Dir, König von Germanien!
So ruft der Suev', auf König Marbod's Wort!

FUST.
(Vortretend.)
Heil, ruf' auch ich, beim Jupiter!

DAGOBERT UND SELGAR.
Und ich!

WOLF UND THUISKOMAR.
Heil, König Hermann, alle Deutschen Dir!
(Marbod steht auf.)

HERMANN.
(Umarmt ihn.)
Laß' diese Sach' beim nächsten Mondlicht uns,
Wenn die Druiden Wodan opfern,
In der gesamten Fürsten Rat entscheiden!

MARBOD.
Es sei! man soll im Rat die Stimmen sammeln.
Doch bis dahin, das weig're nicht,
Gebeutst Du als Regent und Fürst das Heer!

DAGOBERT UND SELGAR.
So sei's! — beim Opfer soll die Wahl entscheiden.

MARBOD.
(Indem er einige Schritte zurückweicht.)
Hier übergeb' ich, Oberster der Deutschen,
(Er winkt der Wache.)
Aristan Dir, den Ubierfürsten.
Den ich in Waffen aufgefangen,

HERMANN.
(Wendet sich ab.)
Weh mir! womit muß ich mein Amt beginnen!

MARBOD.
Du wirst nach Deiner Weisheit hier verfahren.

HERMANN.
(Zu Aristan.)
Du hattest, Du Unseliger, vielleicht
Den Ruf, den ich den deutschen Völkern
Am Tag der Schlacht erlassen, nicht gelesen?

ARISTAN.
(Keck.)
Ich las, mich dünkt, ein Blatt von Deiner Hand,
Das für Germanien in den Kampf mich rief.
Jedoch was galt Germanien mir?
Der Fürst bin ich der Ubier,
Beherrscher eines freien Staats,
In Fug und Recht mich Jedem, wer es sei,
Und also auch dem Varus, zu verbinden!

HERMANN.
Ich weiß, Aristan; diese Denkart kenn' ich.
Du bist im Stand und treibst mich in die Enge,
Fragst, wo und wann Germanien gewesen,
Ob in dem Mond, ob zu der Riesen Zeiten,
Und was der Witz sonst an die Hand Dir gibt:
Doch jetzo, ich versichre Dich, jetzt wirst Du
Mich schnell begreifen, wie ich es gemeint.
Führt ihn hinweg und werft das Haupt ihm nieder!

ARISTAN.
(Erblaßt.)
Wie, Du Tyrann! Du scheutest Dich so wenig —

WOLF.
(Halblaut zu Fust.)
Was gilt's, er weiß jetzt, wo Germanien liegt?

ARISTAN.
Hört mich, Ihr Brüder —

HERMANN.
Führt ihn hinweg!
Was kann er sagen, das ich nicht schon weiß?
(Aristan wird abgeführt.)
Ihr aber kommt, Ihr wackern Söhne Teuts,
Und lass't im Hain der stillen Eichen
Wodan für das Geschenk des Siegs uns danken! —
Uns bleibt der Rhein noch schleunig zu ereilen,
Damit vorerst der Römer keiner
Von der Germania heil'gem Grund entschlüpfe.
Und dann — nach Rom selbst mutig aufzubrechen!
Wir oder unsre Enkel, meine Brüder!
Denn eh' doch, seh' ich ein, erschwingt der Kreis der Welt
Vor dieser Mordbrut keine Ruhe,
Als bis das Raubnest ganz zerstört
Und nichts als eine schwarze Fahne .
Von seinem öden Trümmerhaufen weht!
Wer aber will es wagen, deutsches Land
Aufs neue beutegierig anzutasten,
Wenn Alle wir fortan zusammenstehn, —
Die Hüter Eines Hauses, Eines Friedens!

(Der Vorhang fällt.)

Ende.

Anmerkungen

In den wesentlichen Umständen ist Kleist bei seiner poetischen Darstellung, den Untergang des Varus betreffend, den geschichtlichen Überlieferungen gefolgt. Die dreitägige Schlacht im Teutoburger Walde (auf Lippe´schem Gebiet), in welcher der römische Feldherr Varus mit seinen Legionen durch den Cheruskerfürsten Arminius geschlagen und vernichtet wurde, geschah im Jahre 9 n. Chr., wie man annimmt im Monat September.

Arminius, Sohn des Cheruskischen Fürsten Sigimar, war zu dieser Zeit, nach Tacitus, ein Jüngling von 27 Jahren. Der Name Hermann (oder Herman) für Armin ist bei uns besonders seit Klopstock der populäre geworden.

Marbod. Das Bündnis Hermanns mit Marbod ist, wie schon in der Einleitung angedeutet worden, des Dichters Erfindung. Marbod, König der Markomanen, hatte allerdings auch viele Stämme vereinigt, nicht aber zur Befreiung Deutschlands, sondern aus bloßer Herrschsucht. Als er mit seiner Macht die Römer bedrohte, und diese gleichzeitig durch die Pannonier und Dalmatier beunruhigt wurden, schlossen die Römer mit Marbod Frieden. Dessen Feindseligkeiten mit Armin fallen erst in spätere Zeit. Daß Kleist ihn mit diesem sich verbünden und dadurch wesentlich den Sieg über die Römer entscheiden ließ, geschah im Hinblick auf die Zeitverhältnisse und sollte für die gehoffte Vereinigung Preußens mit Österreich, im J. 1808, ein Vorbild sein.

Thusnelda. Hermanns Weib Thusnelda war die Tochter des den Römern freundlich gesinnten Fürsten Segest und diesem von Hermann entführt. Sie wurde später bekanntlich von Germanicus gefangen genommen und im Triumph nach Rom gebracht.

Erster Akt. Erste Szene. Die hier vom Dichter angedeutete Zwietracht unter den deutschen Fürsten wird schon von Tacitus in bedeutsamer Weise hervorgehoben und die Worte des großen römischen Geschichtsschreibers verdienen auch hier eine Stelle. Nachdem er berichtet, wieder germanische Stamm der Brukterer in wiederholten Kämpfen durch andere deutsche Stämme ausgerottet worden, fährt Tacitus fort:

> „O möge doch bei diesen Völkern (den deutschen) wenn nicht Liebe zu uns, wenigstens Haß unter sich herrschen und fortdauern, zumal beides Reiches drängendem Verhängnisse das Schicksal uns nichts Höheres mehr gewähren kann, als der Feinde Zwietracht."

Über die Landschaften des alten Germaniens — so wurde das Land von den Römern genannt — über die Sitten und Gebräuche u.s.w. ist uns das wichtige Buch des Tacitus „Germania" die Hauptquelle geblieben. Von den germanischen Stämmen, die in der ersten Szene des Dramas durch ihre Fürsten vertreten sind oder sonst erwähnt werden, ist Folgendes zu berichten:

Die Cherusker werden von Tacitus schon als ein dem Untergange verfallener Stamm bezeichnet. Sie hatten — so viel sich über die alten Grenzen bestimmen läßt — ihren Wohnsitz zwischen der Weser und der Saale, so wie im Harzgebirge und in dessen Umgebung.

Die Sigambrier, an der Sieg, hatten früher ihr Gebiet bis an die Lippe ausgedehnt, wurden aber schon durch Tiberius an das linke Rheinufer, nahe der Mündung der Maas versetzt.

Das Land der Friesen wird von Tacitus in Groß- und Kleinfriesland unterschieden; „beide Stämme ziehen sich längs dem Rhein bis an den Ozean, und umwohnen noch überdies große Seen, die auch von Römischen Flotten beschifft werden."

Die Marsen wohnten östlich von der Ems, in der Gegend von Osnabrück. Kleist läßt deren Fürsten Dagobert einen Strich „am Gestad der Lippe" von Selgar, dem Fürsten der Brukterer, beanspruchen, welche südlich von Münster wohnten.

Die Katten, in Hessen, Fulda und Hanau, werden von Tacitus als besonders begabt gepriesen, wegen ihrer Lebhaftigkeit des Geistes, körperlicher Kraft und Gewandtheit. Auch durch ihre Kenntnis des Kriegswesens scheinen. sie sich hervorgetan zu haben. Diese Nachrichten bestimmten wohl Kleist, den Kattenfürst Wolf als den Einsichtsvollsten darzustellen.

Die Narisker, in der Rede von Dagobert erwähnt, bewohnten die Oberpfalz, zwischen Böhmen und der Donau.

Die Nervier, Ubier und Cimbern werden von Kleist schon als Beute der Römer hingestellt: ihre Fürsten Gueltar, Aristan und Fust sind nur noch römische Vasallen. Kleist unterscheidet jedoch den landesverräterischen Aristan von den andern Beiden, die in den Kämpfen unterlagen. Die Nervier wohnten in Hennegau, einer jetzt. zwischen Frankreich und Belgien geteilten Landschaft; von den Ubiern sagt Tacitus, daß sie „für ihre Verdienste zur Römischen Kolonie erhoben worden sind," sich aber lieber nach ihrer Stifterin Agrippiner nennen, und sich dieser Abstammung „nicht schämen". In ihrem Gebiete lagen Köln, Koblenz und Bonn. Die Cimbern wohnten im jetzigen Schleswig und Jütland.

Die Sueven endlich bilden eine Vereinigung mehrerer Volksstämme, deren vornehmster — — die Markomanen — wahrscheinlich am Oberrhein wohnte. Unter der Führerschaft Marbods, des Königs der Markomanen, hatten die Suevischen Völker einen sehr großen Teil Germaniens inne, zogen sich dann aber nach Böhmen hin. Als eigentümlich wird von den Sueven die Sitte berichtet, das Haupthaar in die Höhe zu ringeln und in einem Knoten zu schürzen.

Tacitus zählt noch sehr zahlreiche andere germanische Volksstämme auf. Doch sind nur die Namen der hier genannten von Kleist benutzt worden. Nach der Vorstellung der Römer dehnten sich die Grenzen Germaniens, wiewohl sie besonders nach Norden und Osten schwer festgestellt werden konnten, weiter aus, als in unserer Zeit.

3. Auftritt. „Laßt den Becher Zur Letzung jetzt der müden Glieder kreisen!" Über das Getränk der Germanen schreibt Tacitus:

> „Es ist ein Saft aus Gerste oder Weizen zu einiger Ähnlichkeit des Weines verkünstelt. Die zunächst am Rheine wohnen, kaufen auch Wein."

„Bei Wodan, meinem hohen Herrn." — Wodan oder Wuotan war der Gott des nordischen Altertums, der in ganz Germanien die höchste Verehrung genoß. Unter den Göttinnen stand Freia, Wodans Gemahlin, am höchsten. — Hertha (eigentlich Nerthus) war die von den Germanischen Völkern verehrte Göttin der Erde, welche Segen und Frieden verbreitete.

„Nun, bei den Nornen!" — Die Nornen sind die Parzen der nordischen Mythologie; es waren drei schöne Jungfrauen, welche am Udarbrunnen unter dem Yggdrasil saßen, dem Baum, der die ganze Welt beschattete. Sie hatten das Schicksal der Menschen, wie auch der Götter zu bestimmen. Kleist wählte daher den Nornentag für die Schlacht im Teutoburger Walde.

„Bei Mana!" — Mannus, Man oder Manna, gilt als der Stammvater des deutschen Volks. Tacitus schreibt:

> „Sie preisen in alten Volksliedern, der einzigen Art geschichtlicher Denkmäler, den erdentsprossenen Gott Tuiskon, und dessen Sohn Mannus, als des Volkes Stammvater und Gründer."

„Was ich um das Gold der Afern —" Der Dichter hat hier für Afrikaner die Bezeichnung „Afern" gebraucht, nach Afer, dem Sohne des Herkules, von welchem Afrika seinen Namen haben soll.
Zweiter Akt. 3. Auftritt. Die Eichen waren insbesondere dem Gottesdienste geweiht. Über die Verehrung der Gottheiten schreibt Tacitus:
„Sie halten es der Hoheit der Himmlischen unangemessen, sie in Wände einzuschließen, oder irgend in Gestalt menschlichen Antlitzes abzubilden. Haine und Gehölze weihen sie, und rufen unter göttlichen Namen jenes unerforschliche Wesen an, das nur ihr ehrfurchtsvolles Gemüt erkennt."
5. Auftritt. „Der Kopf, beim Styx, von einer Juno!" Es muß hier daran erinnert werden, daß Hermann römische Bildung genossen hatte, daß ihm also auch die Gottheiten der Römer vollkommen bekannt waren.
7. Auftritt. Daß Hermann den Cimbern-Fürsten an die Schlacht des Ariovist erinnert, ist eine poetische Freiheit. Die Schlacht, mit welcher Ariovist und andere deutsche Führer durch Julius Caesar aus Gallien über den Rhein zurückgetrieben wurden, liegt zu weit zurück, als daß Hermann oder Fust dabei gewesen sein könnten. Dieser beiläufige Anachronismus war dem Dichter durchaus gestattet, da er damit in trefflicher Weise die Erinnerung an jene für Germanien schon bedeutungsvolle Schlacht einflocht.
„Bei uns tut es der Chorgesang der Barden." — Tacitus schreibt:
„Auch Herkules, erzählen sie, sei bei ihnen gewesen, und sie besingen ihn beim Auszug in den Streit als den Ersten der Helden. Dann haben sie noch eine Art Kriegslieder, Bardit genannt, durch deren Anstimmung sie die Gemüter anfeuern, und aus deren bloßem Schalle sie den Ausgang der Schlacht ahnen; denn sie schrecken oder zagen, je nachdem der Schlachtgesang ertönt. Auch scheint derselbe weniger der Singstimmen als des Heldenmuts Einklang. Sie suchen vorzüglich rauhes Getön und gebrochenes Murmeln, mittelst zum Munde gehaltener Schilde, auf daß der abprallende Ton voller und kräftiger anschwelle."
Legionen, Kohorten, Manipeln. — Die römische Legion bestand aus je zehn Kohorten, jede Kohorte war in drei Manipeln (von denen später die Rede ist) eingeteilt, und jede Manipel hatte zwei Centurien.
Dritter Akt. „Du trägst ja Marbods eisern'n Ring am Arm." Kleist hat hier die Sitte, welche Tacitus von den Katten berichtet, auf Marbod übertragen. Der Geschichtsschreiber berichtet:
„Die Tapfersten tragen einen eisernen Armring, gleichsam als Fessel, bis sie sich durch Erlegung eines Feindes lösen. Den meisten Katten behagt diese Tracht: sie ergrauen in diesem Schmucke, der sie vor Freund und Feind kenntlich macht."
3. Auftritt. „Die Schwätzer die," etc. Die Anspielung in diesem Satze auf den „Tugendbund" ist schon in der Einleitung hervorgehoben.
Im 4.—6. Auftritt ist das grausame Verfahren gegen die unglückliche Cheruskerin wohl durch den Bericht hervorgerufen, den Tacitus über die Sittenstrenge der germanischen Weiber gibt. So strenge wie die Ehebrecherinnen wurden auch die Mädchen gestraft, welche ihre Jungfräulichkeit preisgaben. Sehr bezeichnend für den römischen Geschichteschreiber fügt Tacitus hinzu: „Denn dort lacht Niemand des Lasters: Verführen und verführt werden heißt dort nicht Zeitgeist."
Vierter Akt. 4. Auftritt. Alraunen hießen bei den Germanen Weiber, welche mit der Wahrsagerei sich befaßten. Das Wort ist wohl von Rune abgeleitet, welches im Altdeutschen

Geheimniß bedeutet. — Hochpoetisch hat Kleist für die so prachtvoll geschilderte Situation des Varus im Walde diese Gestalt der Alraune verwertet.

12. Auftritt. „Steckt das Fanal in Brand." Diese Bezeichnung für ein an erhöhter Stelle angebrachtes Signalfeuer ist dem Griechischen entlehnt.

Fünfter Akt. Letzte Szene. Da die in den letzten Akten dargestellte Versöhnung und Vereinigung Marbods und Hermanns unhistorisch ist, wie schon angegeben worden, so ist auch dies Anerbieten der deutschen Krone selbstverständlich nur eine poetische Fiktion, die aus der politischen Tendenz für die Zeit hervorging.

Die Veränderungen,

welche in gegenwärtiger Bearbeitung des Kleist'schen, Dramas mit dem Original vorgenommen wurden, betreffen im Wesentlichen den 1. u. 2. und den 5. Akt der Kleist'schen Dichtung. Was für die Umgestaltung der beiden ersten Akte in Einen Akt nötig war, ferner die Zusammenziehungen und Umschreibungen im Dialog, sowie einige Weglassungen und Änderungen, welche, wie in der Einleitung bereits angedeutet worden, die Charakteristik Hermanns betreffen —: dies Alles hier anzuführen, würde zu sehr ins Detail gehn. Jedoch sind aus dem letzten Akte, der in vorliegender Form den 4. und 5. Akt bildet, drei Szenen weggelassen resp. umgestaltet worden, welche bei alledem für die Anschauungsweise des Dichters besonders charakteristisch und bedeutungsvoll sind, und die deshalb hier im Anhang folgen mögen.

Aus dem vierten Akte (bei Kleist 5. Akt, 1. — 14. Auftritt) sind zunächst die Szenen nachzutragen, welche das Ende des Septimius Nerva betreffen. Nachdem das Heer über die wahre Absicht Hermanns durch diesen aufgeklärt worden, und die Cherusker in Jubel ausbrechen, heißt es im Original weiter:

12. Auftritt.

EIN CHERUSKER.
Septimius Nerva kommt, den Du gerufen!

HERMANN.
Still Freunde, still, das ist der Halsring von der Kette,
Die der Cheruska angetan;
Jetzt muß das Werk der Freiheit gleich beginnen.

WINFRIED.
Wo war er?

HERMANN.
Bei dem Brand in Arkon, nicht?
Beschäftigt zu retten und zu helfen?

DER CHERUSKER.
In Arkon, ja, mein Fürst, bei — einer Hütte,
Die durch den Römerzug in Feuer aufgegangen;
Er schüttete gerührt dem Eigner
Zwei volle Säckel Geldes aus!
Bei Gott! der ist zum reichen Mann geworden
Und wünscht noch oft ein gleiches Unheil sich.

HERMANN.
Das gute Herz!

WINFRIED.
Wo stahl er doch die Säckel?

HERMANN.
Dem Nachbar auf der Rechten oder Linken?

WINFRIED.
Er preßt mir Tränen aus.

HERMANN.
Doch still! da kommt er.

13. Auftritt.

Septimius *(tritt auf)*. Die Vorigen.

HERMANN.
(Kalt.)
Dein Schwert, Septimius Nerva,
Du mußt sterben.

SEPTIMIUS.
— Mit wem sprech' ich?

HERMANN.
Mit Hermann, dem Cherusker,
Germaniens Retter und Befreier
Von Roms Tyrannenjoch!

SEPTIMIUS.
Mit dem Armin? —
Seit wann führt der so stolze Titel?

HERMANN.
Seit sich August so niedre zugelegt.

SEPTIMIUS.
So ist es wahr? Arminius spielte falsch?
Verriet die Freunde, die ihn schützen wollten?

HERMANN.
Verriet Euch, ja; was soll ich mit Dir streiten?
Wir sind verknüpft, Marbod und ich,
Und werden, wenn der Morgen tagt,
Den Varus hier im Walde überfallen.

SEPTIMIUS.
Die Götter werden ihre Söhne schützen!
— Hier ist mein Schwert!

HERMANN.
(Indem er das Schwert wieder weggibt.)
Führt ihn hinweg
Und lass't sein Blut, das erste, gleich
Des Vaterlandes dürren Boden trinken!
(Zwei Cherusker ergreifen ihn.)

SEPTIMIUS.
Wie, Du Barbar? mein Blut? Das wirst Du nicht —

HERMANN.
Warum nicht?

SEPTIMIUS.
(Mit Würde.)
Weil ich Dein Gefangner bin!
An Deine Siegerpflicht erinn'r ich Dich!

HERMANN.
(Auf sein Schwert gestützt.)
An Pflicht und Recht! sich da, so wahr ich lebe!
Er hat das Buch vom Cicero gelesen.
Was müßt' ich tun, sag' an, nach diesem Werk?

SEPTIMIUS.
Nach diesem Werk? armsel'ger Spötter Du!
Mein Haupt, das wehrlos vor Dir steht,
Soll Deiner Rache heilig sein;
Also gebeut Dir das Gefühl den Rechts,
In Deines Busens Blättern aufgeschrieben.

HERMANN.
(Indem er auf ihn einschreitet.)
Du weißt, was Recht ist, du verfluchter Bube,
Und kamst nach Deutschland, unbeleidigt,
Um uns zu unterdrücken?
Nehmt eine Keule doppelten Gewichts,
Und schlagt ihn tot!

SEPTIMIUS.
Führt mich hinweg! hier unterlieg' ich,
Weil ich mit Helden würdig nicht zu tun!
Der das Geschlecht der königlichen Menschen
Besiegt in Ost und West, der ward
Von Hunden in Germanien zerrissen:
Das wird die Inschrift meines Grabmals sein!
(Er geht ab: Wache folgt ihm.)

DAS HEER.
(In der Ferne.)
Hurrah! Hurrah! der Nornentag bricht an!

An Stelle der vorstehenden hier wegfallenden Szene ist der kurze Bericht des Fürsten Wolf (12. Auftritt) eingeschaltet.

Im fünften Akte ist bei Kleist nach dem Aufbruch zur Schlacht Verwandlung, mit welcher die hier wegfallende und durch die eingeschaltete Unterredung zwischen Eginhardt und Wolf (4. Auftritt) ersetzte Szenen-Reihe folgt, die Rache der Thusnelda enthaltend:

Szene: Teutoburg. Garten hinter dein Fürstenzelt. Im Hintergrunde ein eisernes Gitter, das in einen von Felsen eingeschlossen öden Eichwald führt.

15. Auftritt.

Thusnelda und Gertrud *(treten auf)*.

THUSNELDA.
Was war's, sag an, was Dir Ventidius gestern,
Augusts Legat, gesagt, als Du ihm früh
Im Eingang des Gezelts begegnetest?

GERTRUD.
Er nahm mit schüchterner Gebärde, meine Königin,
Mich bei der Hand, und einen Ring .
An meinen Finger flüchtig steckend,
Bat und beschwor er mich, bei allen Kindern Zeus'
Ihm in Geheim zu Nacht Gehör zu schaffen
Bei Der, die seine Seele innig liebt.
Er schlug auf meine Frage: wo?
Hier diesen Park mir vor, wo zwischen Felsenwänden
Das Volk sich oft vergnügt, den Ur zu hetzen;
Hier, meint' er, sei es still wie an dem Lethe,
Und keines läst'gen Zeugen Blick zu fürchten
Als nur der Mond, der ihm zur Seite buhlt.

THUSNELDA.
Du hast ihm meine Antwort überbracht?

GERTRUD.
Ich sagt ihm: wenn er heut beim Untergang des Mondes
Eh' noch der Hahn den Tag bekräht,
Den Eichwald, den er meint, besuchen wollte,
Würd' ihn daselbst die Landesfürstin,
Sie, deren Seele heiß ihn liebt,
Am Eingang gleich zur Seite rechts empfangen.

THUSNELDA.
Und nun hast Du der Bärin wegen,
Die Hermann jüngst im Walde griff,
Mit Childerich, ihrem Wärter, Dich besprochen?

GERTRUD.
Es ist gescheh'n, wie mir Dein Mund geboten;
Childerich, der Wärter, führt sie schon heran. —
Doch, meine große Herrscherin,

Hier werf' ich mich zu Füßen Dir:
Die Rache der Barbaren sei Dir fern!
Es ist Ventidius nicht, der mich mit Sorg' erfüllt;
Du selbst, wenn nun die Tat getan,
Von Reu und Schmerz wirst Du zusammenfallen!

THUSNELDA.

Hinweg! — er hat zur Bärin mich gemacht;
Arminius will ich wieder würdig werden.

16. Auftritt.

Childerich tritt auf, eine Bärin an einer Kette führend. Die Vorigen.

CHILDERICH.

Heda! seid Ihr's, Frau Gertrud!

GERTRUD.

(Steht auf.)
Gott im Himmel!
Da naht der Allzupünktliche sich schon!

CHILDERICH.

Hier ist die Bärin.

GERTRUD.

Wo?

CHILDERICH.

Seht Ihr sie nicht?

GERTRUD.

Du hast sie an der Kette, will ich hoffen?

CHILDERICH.

An Kett' und Koppel. — Ach, so habt Euch doch!
Wenn ich dabei bin, müßt Ihr wissen,
Ist sie so zahm wie eine junge Katze.

GERTRUD.

Gott möge ewig mich vor ihr bewahren! —
's ist gut, bleib mir nur fern, hier ist der Schlüssel;
Tu sie hinein und schleich Dich wieder weg.

CHILDERICH.

Dort in den Park?

GERTRUD.

Ja, wie ich Dir gesagt.

CHILDERICH.

Mein Seel, ich hoff', so lang' die Bärin drin,
Wird Niemand anders sich der Pforte nahn?

GERTRUD.
Kein Mensch, Verlaß Dich drauf! Es ist ein Scherz nur,
Den meine Frau sich eben machen will.

CHILDERICH.
Ein Scherz?

GERTRUD.
Ja, was weiß ich?

CHILDERICH.
Was für ein Scherz?

GERTRUD.
Ei, so frag Du! — Fort, in den Park hinein!
Ich kann das Tier nicht mehr vor Augen sehn!

CHILDERICH.
Nun, bei den Elfen, hört, nehmt Euch in Acht!
Die Petze hat, wie Ihr befahlt,
Nun seit zwölf Stunden nichts gefressen;
Sie würde Witz von grimm'ger Art Euch machen,
Wenn's Euch gelüsten sollte, sie zu necken.
(Er läßt die Bärin in den Park und schließt ab.)

GERTRUD.
Fest!

CHILDERICH.
Es ist Alles gut.

GERTRUD.
Ich sage, fest!
Den Riegel auch noch vor, den eisernen!

CHILDERICH.
Ach, was! sie wird doch keine Klinke drücken?
— Hier ist der Schlüssel!

GERTRUD.
Gut, gib her! —
Und nun entfernst Du Dich in das Gebüsch,
Doch so, daß wir sogleich Dich rufen können!
(Childerich geht ab.)
Schirmt, all' Ihr guten Götter, mich!
Da schleicht der Unglücksel'ge schon heran!

17. Auftritt.

Ventidius *(tritt auf)*. Thusnelda und Gertrud.

VENTIDIUS.
Dies ist der stille Park, von Bergen eingeschlossen,
Der auf die Lispelfrage: wo?
Mir gestern in die trunknen Sinne fiel!
Wie mild der Mondschein durch die Stämme fällt!
Und wie der Waldbach fern mit üppigem Geplätscher
Vom Rand des hohen Felsens niederrinnt!
Thusnelda! komm und lösche diese Glut,
Soll ich, gleich einem jungen Hirsch,
Das Haupt voran, mich in die Flut nicht stürzen!
Gertrud. — so hieß ja, dünkt mich, wohl die Zofe,
Die mir versprach, mich in den Park zu führen?
(Gertrud steht und kämpft mit sich selbst.)

THUSNELDA.
(Mit gedämpfter Stimme.)
Fort! gleich! Hinweg! Du hörst! gib ihm die Hand
Und führ' ihn in den Park hinein!

GERTRUD.
Geliebte Königin!

THUSNELDA.
Bei meiner Rache!
Fort, augenblicks! sag' ich; gib ihm die Hand
Und führ' ihn in den Park hinein!

GERTRUD.
(Fällt ihr zu Füßen.)
Vergebung, meine Herrscherin, Vergebung!

THUSNELDA.
(Ihr ausweichend.)
Die Närrin, die verwünschte, die! sie auch
Ist in das Affenangesicht verliebt!
(Sie reißt ihr den Schüssel aus der Hand und geht zu Ventidius.)

VENTIDIUS.
Gertrud, bist Du´s?

THUSNELDA.
Ich bin's.

VENTIDIUS.
O sei willkommen,
Du, meiner Juno süße Iris,
Die mir Elysium eröffnen soll! —
Komm, gib mir Deine Hand und leite mich!
— Mit wem sprachst Du?

THUSNELDA.
Thusnelden, meiner Fürstin.

VENTIDIUS.
Thusnelden! wie Du mich entzückst!
Mir wär' die Göttliche so nah?

THUSNELDA.
Im Park, dem Wunsch gemäß, den Du geäußert,
Und heißer Brunst voll harrt sie schon auf Dich!

VENTIDIUS.
O, so eröffne schnell die Tore mir!
Komm her! der Saturniden Wonne
Ersetzt mir solche Augenblicke nicht!
(Thusnelda läßt ihn ein; wenn er die Tür hinter sich hat, wirft sie dieselbe mit Heftigkeit zu und zieht den Schlüssel ab.)

18. Auftritt.

Ventidius *(innerhalb des Gitters)*. Thusnelda und Gertrud. Nachher Childerich, der Zwingerwärter.

VENTIDIUS.
(Mit Entsetzen.)
Zeno, Du der Götter und der Menschen Vater!
Was für ein Höllen-Ungetüm erblick' ich?

THUSNELDA.
(Durch das Gitter.)
Was gibt's, Ventidius? was erschreckt Dich so?

VENTIDIUS.
Die zottelschwarze Bärin von Cheruska
Steht mit gezückten Tatzen neben mir!

GERTRUD.
(In die Szene eilend.)
Du Furie, gräßlicher, als Worte sagen —
— He, Childerich! herbei! der Zwingerwärter!

THUSNELDA.
Die Bärin von Cheruska?

GERTRUD.
Childerich! Childerich!

THUSNELDA.
Thusnelda, — bist Du klug? — die Fürstin ist's,
Von deren Haupt, der Livia zur Probe,
Du jüngst die seidne Locke abgelöst!
Laß' den Moment, Dir günstig, nicht entschlüpfen,
Und ganz die Stirn jetzt schmeichelnd scher ihr ab!

VENTIDIUS.
Zeus, Du der Götter und der Menschen Vater,
Sie bäumt sich auf, es ist um mich geschehn!

CHILDERICH.
(Tritt auf.)
Ihr Rasenden! was gibt's? was machtet Ihr?
Wen ließt Ihr in den Zwinger ein? sagt an!

GERTRUD.
Ventidius, Childerich, Roms Legat, ist es!
Errett' ihn, Bester aller Menschenkinder,
Eröffn' den Pfortenring und mach' ihn frei!

CHILDERICH.
Ventidius, der Legat? Ihr heil'gen Götter!
(Er bemüht sich, das Gitter zu öffnen.)

THUSNELDA.
(Durch das Gitter.)
Ach, wie die Borsten, Liebster, schwarz und starr,
Der Livia, Deiner Kaiserin, werden stehn,
Wenn sie um ihren Nacken niederfallen!
Statthalter von Cheruska grüß' ich Dich!
Das ist der mind'ste Lohn. Du treuer Knecht,
Der Dich für die Gefälligkeit erwartet!

VENTIDIUS.
Zeus, Du der Götter und der Menschen Vater,
Sie schlägt die Klau'n in meine weiche Brust!

THUSNELDA.
Thusnelda? o was!

CHILDERICH.
Wo ist der Schlüssel, Gertrud?

GERTRUD.
Der Schlüssel, Gott des Himmels, steckt er nicht?

CHILDERICH.
Der Schlüssel, nein!

GERTRUD.
Er wird am Boden liegen.
— Das Ungeheu'r! sie hält ihn in der Hand.
(Auf Thusnelda deutend.)

VENTIDIUS.
(Schmerzvoll.)
Weh mir! weh mir!

GERTRUD.
(Zu Childerich.)
Reiß' ihr das Werkzeug weg!

THUSNELDA.

Sie sträubt sich Dir?

CHILDERICH.
(Da Thusnelda den Schlüssel verbirgt.)
Wie, meine Königin?

GERTRUD.
Reiß ihr das Werkzeug, Childerich, hinweg!
(Sie bemühen sich, ihr den Schlüssel zu entwinden.)

VENTIDIUS.
Ach! o des Jammers! weh mir! O Thusnelda!

THUSNELDA.
Sag' ihr, daß Du sie liebst, Ventidius,
So hält sie still und schenkt die Locken Dir!
(Sie wirft den Schlüssel weg und fällt in Ohnmacht.)

GERTRUD.
Die Gräßliche! — Ihr ewg'en Himmelsmächte!
Da fällt sie sinnberaubt mir in den Arm!
(Sie läßt die Fürstin auf einen Sitz nieder.)

19. Auftritt.

Astolf und ein Haufen cheruskischer Krieger *(treten auf)*. Die Vorigen.

ASTOLF.
Was gibt's, Ihr Frau'n? Was für ein Jammerruf,
Als ob der Mord entfesselt wäre,
Schallt aus dem Dunkel jener Eichen dort?

CHILDERICH.
Fragt nicht und kommt und helft das Gitter mir zersprengen!
(Die Cherusker stürzen in den Park. Pause. — Bald darauf die Leiche des Ventidius, von den Cheruskern getragen, und Childerich mit der Bärin.)

ASTOLF.
(Läßt die Leiche vor sich niederlegen.)
Ventidius, der Legate Roms —
Nun, bei den Göttern von Walhalla,
So hab' ich einen Spieß an ihm gespart!

GERTRUD.
(Aus dem Hintergrund.)
Helft mir, Ihr Leut', ins Zelt die Fürstin führen!

ASTOLF.

Helft ihr!

EIN CHERUSKER.

Bei allen Göttern, welch' ein Vorfall?

ASTOLF.

Gleichviel! gleichviel! Auf! folgt zum Crassus mir
Ihn, eh' er noch die Tat erfuhr,
Ventidius, dem Legaten, nachzuschicken!
(Alle ab.)

Hierauf folgt die Szene im Teutoburger Walde zwischen Marbod, Komar u.s.w., welche bei uns — unverändert — den Anfang des letzten Aktes bildet. Dann tritt Varus auf. Diese hier völlig umgestaltete Szene hat bei Kleist folgenden Verlauf. Im Monolog den Varus, nach den Worten: „Der Rhein, wollt' ich, wär' zwischen mir und ihm!" heißt es weiter:

> Ich warf, von Scham erfüllt, dort in dem Schilf des Moors
> Mich in des eignen Schwertes Spitze schon;
> Doch meine Rippe, ihm verbunden,
> Beschirmte mich; mein Schwert zerbrach,
> Und nun bin ich dem seinen aufgespart. —
> Fänd' ich ein Pferd nur, das mich rettete!

22. Auftritt.

Hermann *(mit bloßem Schwert, von der einen Seite)*. Fust, Fürst der Cimbern, und Gueltar,
Fürst der Nervier *(von der andern, treten eilend auf)*. Varus.

HERMANN.
Steh, Du Tyrannenknecht, Dein Reich ist aus!

FUST.

Steh, Höllenhund!

GUELTAR.
Steh. Wolf vom Tiberstrande,
Hier sind die Jäger, die Dich fällen wollen!
(Fust und Gueltar stellen sich auf Hermanns Seite.)

VARUS.
(Nimmt sein Schwert auf.)
Nun will ich tun, als führt' ich zehn Legionen! —
Komm her, Du dort im Fell des zott'gen Löwen,
Und laß' mich sehn, ob Du Herakles bist!
(Hermann und Varus bereiten sich zum Kampfe.)

FUST.

(Sich zwischen sie werfend.)
Halt dort, Armin! Du hast des Ruhms genug.

GUELTAR.

(Ebenso.)
Halt, sag' auch ich!

FUST.

Quintilius Varus Ist mir, und wenn ich sinke, Dem verfallen!

HERMANN.

Wem! Dir? Euch? — Ha! sieh da! mit welchem Recht?

FUST.

Das Recht, bei Mana, wenn Du es verlangst,
Mit Blut schreib' ich's auf Deine schöne Stirn!
Er hat in Schmach und Schande mich gestürzt,
An Deutschland, meinem Vaterlande,
Der Mordknecht, zum Verräter mich gemacht,
Den Schandfleck wasch' ich ab in seinem Blute;
Das hab' ich heut, das mußt Du wissen,
Gestreckt am Boden heulend, mir,
Als mir Dein Brief kam, Göttlicher, gelobt!

HERMANN.

Gestreckt am Boden heulend! Sei der verwünscht,
Gefallner Sohn des Teut, mit Deiner Reue!
Soll ich, von Schmach Dich rein zu waschen,
Den Ruhm, beim Jupiter, entbehren,
Nach dem ich durch zwölf Jahre treu gestrebt?
Komm her, fall aus und triff — verflucht sei der,
Der jenen Römer eh' berührt,
Als dieser Streit sich zwischen uns gelöst!
(Sie fechten.)

VARUS.

(Für sich.)
Ward solche Schmach im Weltkreis schon erlebt?
Als wär' ich ein gefleckter Hirsch,
Der mit zwölf Enden durch die Forsten bricht! —
(Hermann hält inne.)

GUELTAR.

Sieg, Fust, halt ein! das Glück hat Dir entschieden.

FUST.

Wem? mir? —— Nein, sprich!

GUELTAR.

Beim Styx! er kann' es nicht leugnen.
Blut rötet ihm den Arm!

FUST.

Was! traf ich Dich?

HERMANN.
(Indem er sich den Arm verbindet.)
Ich will's zufrieden sein; Dein Schwert fällt gut.
Da nimm ihn hin! man kann ihn Dir vertrau'n.
(Er geht, mit einem tötenden Blick auf Varus, auf die Seite.)

VARUS.

(Wütend.)
Zeus, diesen Übermut hilfst Du mir strafen!
Du schnöder, pfauenstolzer Schelm,
Der Du gesiegt, heran zu mir!
Es soll der Tod sein, den Du Dir errungen!

FUST.

Der Tod? Nimm Dich in Acht! auch noch im Tode
Zapf ich das Blut Dir ab, das rein mich wäscht.
(Sie fechten; Varus fällt.)

VARUS.

Rom, wenn Du fällst wie ich: was willst Du mehr?
(Er stirbt.)

DAS GEFOLGE.

Triumph! Triumph! Germaniens Todfeind stürzt!
Heil, Fust, Dir! Heil Dir, Fürst der Cimbern!
Der Du das Vaterland von ihm befreit!
(Pause.)

FUST.

Hermann! mein Bruderherz! was hab´ ich dir getan!.
(Er fällt ihm um den Hals.)

HERMANN.

Nun, es ist Alles gut.

GUELTAR.

(Umhaltet ihn gleichfalls.)
Du bist verwundet —

FUST.

Das Blut des besten Deutschen fällt in Staub.

HERMANN.

Ja, allerdings.

FUST.

Daß mir die Hand verdorrte!

GUELTAR.

Komm her, soll ich das Blut Dir saugen?

FUST.

Mir laß´ — mir, mir!

HERMANN.
Ich bitt' Euch, meine Freunde —

FUST.
Hermann, Du bist mir bös, mein Bruderherz,
Weil ich den Siegskranz schelmisch Dir geraubt!

HERMANN.
Die bist nicht klug! vielmehr, es macht mich lachen!
Laß' einen Herold gleich nur kommen,
Der Deinen Namen ausposaune,
Und mir schaff' einen Arzt, der mich verbindet.
(Er lacht und geht ab.)

DAS GEFOLGE.
Kommt! hebt die Leiche auf und tragt sie fort!
(Alle ab.)
   Szene: Teutoburg. Platz unter Trümmern.

23. Auftritt.

Thusnelda *(mit ihren Frauen)*. *(Ihr zur Seite)* Eginhardt und Astolf. *(Im Hintergrunde)* Wolf, Thuiskomar, Dagobert, Selgar. Hermann *(tritt auf)*. *(Ihm folgen)* Fust, Gueltar, Winfried, Egbert und Andere.

WOLF U.S.W.
Heil, Hermann! Heil Dir, Sieger der Kohorten!
Germaniens Retter, Schirmer und Befreier!

HERMANN.
Willkommen, meine Freunde!
Etc. etc.

Von hier ab geht die Szene unverändert weiter bis zum Schlusse des Dramas, welchem hier nur die letzten vier Zeilen angefügt sind.

ERLÄUTERUNGEN ZUM WERK
von Alfred Heil

1. Entstehung und Aufnahme des Werkes.

Als Kleist die „Hermannsschlacht" schrieb, hatte er eben erst das „Käthchen von Heilbronn" vollendet. Beide Werke sind in verhältnismäßig kurzer Zeit entstanden. Auch die „Penthesilea" war damals kaum ein Jahr alt. Es war die fruchtbare Zeit, als in Dresden die Hefte des „Phöbus" erschienen, in denen Kleist, aus der französischen Gefangenschaft glücklich zurückgekehrt, mit seinen Freunden ähnlich hatte zu Worte kommen wollen wie einst — ein Dutzend Jahre vorher — Schiller und sein Kreis in den „Horen".

Das neue Theaterstück sollte durchaus dem nationalen Rachegeiste dienen, der in dem bangen Winter 1808 auf 1809 überall, wo gute Deutsche wohnten, umging. Eine große Mahnung, ein großer Weckruf sollte plötzlich erschallen. Von der Bühne herab sollte dem deutschen Volke ein hinreißendes Beispiel gegeben werden, wie es handeln müsse, um die drückende Fremdherrschaft auf einmal loszuwerden. Zu diesem Zwecke sollte Arminius der Befreier in neuer, zeitgemäßer Beleuchtung erscheinen, und der Liebling Germanias, ehrwürdig alt und doch ewig jung, sollte zum Ausdruck bringen, was das Vaterland gerade jetzt brauchte und wünschte.

Also kein umständlich aufgebautes und ausgeziertes Ruhmesmal. Kein langgestrecktes Haupt- und Lebenswerk. Keine „abschließende" oder „erschöpfende" Arbeit. Vielmehr kam es Kleist auf möglichst sofortige, politische Wirkung an. Er hielt sich nicht lange mit Quellenstudien auf, mühte sich nicht erst um besondre, geschichtliche „Echtheit", sondern schuf ein Drama, in welchem die Vorgänge, die zur Varus-Schlacht führen und sich an diese Schlacht knüpfen, wie etwas Heutiges erscheinen. In diesem Spiegel sollte sich der allerneueste Tag erkennen, sagt Wilbrandt, der Kleist-Biograph. In den Fürsten der Ubier, Nervier und Cimbern — fährt der- selbe Biograph fort — hatte er die Rheinbundskönige, in den „mißvergnügten" Fürsten die Verschwörer vom Tugendbund vor Augen; Varus schuf er sich zu einem napoleonischen Marschall, Ventidius, den Legaten, zu einem kecken französischen Diplomaten um; Thusnelda ward der neudeutschen Frauen eine, die ihre harmlose Bravheit nicht ganz vor der Verführung der französischen Manieren schützt, und in Hermann endlich sammelte der Dichter alle Strahlen, um den Befreier der Nation nach seinem Bilde zu schaffen.

Als das preußische Heer bei Jena und Auerstädt geschlagen worden war, hatte der Dichter, auf den korsischen Eroberer Bezug nehmend, geschrieben: „Es wäre schrecklich, wenn dieser Wüterich sein Reich gründete ... Wir sind die unterjochten Völker der Römer. Es ist auf eine Ausplünderung von Europa abgesehen, um Frankreich reich zu machen."[2] Inzwischen waren zwei Jahre vergangen. Allerwärts rührte und regte sich wieder der heimliche Wunsch: Los von Napoleon! Zu den Waffen! Handelt! Verbündet euch! Einigt euch! Die Nachrichten aus Spanien kamen hinzu. Man erfuhr, wie glänzend jenseits der Pyrenäen die allgemeine Erhebung von statten ging. Man merkte, wie da drüben ein richtiger Volkskrieg geführt wurde. Herrliche Aussichten eröffneten sich dadurch, und die Stimmung hob sich so, daß die Kunst, die hohe, heilige, wohl hoffen durfte, durch Ermutigung ganzer großer Volksmassen diesmal den Sieg der guten Sache zu entscheiden.

Man kann daher diese „Hermannsschlacht" getrost ein Tendenzstück nennen. Doch das geschehe im lobenden Sinne. Es galt, unbedingte Hingebung ans Vaterland zu verkünden. Nur Vaterlandliebe. Kleist „wollte auch hier ohne Zögern alles an alles gesetzt sehen: das Eine,

---

[2] Briefe an seine Schwester Ulrike. Jetzt in Rahmers Kleist-Bibliothek 1. S. 141.

was not tat, war des Vaterlandes Befreiung, alle andern Ideale sollte man bis nach errungenem Sieg zu Hause lassen." Auch als Gelegenheitsdichtung kann die „Hermannsschlacht" bezeichnet werden. Denn genau genommen paßt sie eben nur für die Zeit, wo „der Zusammenschluß aller Deutschen" von den Politikern erstrebt wurde und erstrebt werden durfte. Schon wenige Monate später, schon nach Abschluß des Wiener Friedens (1809) war die Lage geändert. Napoleon hatte bei Wagram gesiegt; die alldeutschen Interessen waren dadurch wieder in Schlummer gesenkt, und der Dichter stellte sich mit seinem nächsten Drama „auf den engeren Boden seines brandenburgisch-preußischen Vaterlandes."[3] Es ist keine bloße Laune, daß Kleist mit der Geschichte des Jahres 9 an einigen Stellen sehr frei verfährt. Er stellt z. B. das Verhältnis zwischen Arminius und Marbod ganz unhistorisch dar. Der Cherusker schließt in unserm Schauspiel mit dem Sueven einen Bund, stellt seine eignen Kinder als Geisel, huldigt ihm kniend, erkennt ihn als den Größeren, als den deutschen Oberherrn an. Das bedeutet: Brandenburg-Preußen möge — für jetzt — seinen Streit mit Österreich vergessen, der Hohenzoller möge mit dem Habsburger zusammengehen, möge ihm freiwillig den äußeren Vorrang lassen. Auch die neue Thusnelda, die uns Kleist vorführt, erklärt sich aus der Absicht, den deutschen Frauen, wie sie vielfach gerade vor hundert Jahren waren und leider noch jetzt sich zeigen, etwas Besonderes zu sagen. Der Dichter will ihnen ans Herz legen: Wahrt eure völkische Würde! Laßt euch nicht durch fremde „Kultur" blenden! Auch vor vierzig Jahren wäre eine solche Lehre am Platze gewesen; denn nicht jede deutsche Frau, nicht jedes deutsche Mädchen wahrte damals, den französischen Kriegsgefangenen gegenüber, durch Zurückhaltung und Schweigsamkeit den nötigen nationalen Stolz. Kleist selbst soll von seiner Thusnelda gesagt haben: „Sie ist im Grunde eine recht brave Frau, aber ein wenig einfältig, wie die Weiberchen sind, die sich von den französischen Manieren fangen lassen." Man kann es Schwäche nennen, was diese Germanin in Verkehr mit dem Römer anwandelt. Sie fühlt sich geschmeichelt, wenn der Legat ihr den Hof macht, und so bekommt ihr Wesen etwas Schwankendes. Das wird unnachsichtig gekennzeichnet. In andern Zeitläufen — wieviel näher hätte es da einem Shakespeare oder einem Schiller gelegen, ein rein verherrlichendes Stück „Hermann und Thusnelda" zu schreiben und die Zuhörer in der Freude über das werte Paar und seine heldenmütig deutsche Gesinnung so recht schwelgen zu lassen!

Schon wenn man das Personenverzeichnis überschaut, sieht man, daß die freie Erfindung außerordentlich überwiegt. Flavus, der ungleiche Bruder Armins, fehlt ganz. Auch Segest und Segimer treten nicht ans. Liest man sich dann Akt für Akt hinein, so fesselt unausgesetzt die reiche, kunstvolle Entwicklung. Mancherlei Nebenhandlung zwar. Mancherlei Nebenfiguren. Aber alles erscheint notwendig und wahr. Alles drängt zum fünften Aufzug hin, wo sich endlich das Schlachtfeld selbst den Blicken darbietet: der irregeleitete Varus marschiert im Teutoburger Walde, die Katastrophe verdeutlicht sich hierauf durch mehrere Szenen zwischen Hermann, Marbod und ihren Getreuen, und der große Kampftag — es ist bei Kleist nur einer — schließt mit der Zusammenkunft der Sieger in „Teutoburg".

Bezeichnend ist es, wie unbekümmert dabei die Ausdrucksweise der Neuzeit vorherrscht. Dem Dichter kommt es auf ein paar Anachronismen mehr oder weniger gar nicht an. Thusnelda „klingelt" ihren Dienerinnen. Varus kennt die Hexe „von Endor", vergleicht den Cheruskerfürsten mit einem „Derwisch" usw. Dergleichen ist weder Fehler noch Vorzug. Im übrigen ist die Sprache dieselbe, wie sie Kleist auch sonst handhabt: charakteristisch knapp, aber

---

[3] Steig, H. v. Kleists Berliner Kämpfe, S. 178.

doch bilderreich. Gelegentliche Auswüchse werden dem achtsamen Leser auffallen, ohne jedoch empfindlicher zu stören. Daß die Wortfolge bisweilen recht unnatürlich ist, muß man immerhin bedauern.

Der bekannte „jambische" Schauspielvers mit den fünf Hebungen ist auch das Versmaß unserer „Hermannsschlacht". Kleist hatte ja Shakespeare und Goethe und Schiller auf sich wirken lassen. Aber er baut weniger streng. In der „Hermannsschlacht" kommen z. B. eine Menge Verse vor, die nicht fünf, sondern vier oder sechs „Füße" haben. Im dritten Akt, beim Vorüberziehen des Römerheeres, lesen wir:

VARUS.
(Zu Ventidius.)
Was also, sag' mir an, was hab' ich
Von jenem Hermann dort mir zu versehn?

VENTIDIUS.
Quintilius! das faß' ich in zwei Worten!
Er ist ein Deutscher.
In einem Hämmling ist, der an der Tiber graset,
Mehr Lug und Trug, muß ich dir sagen,
Als in dem ganzen Volk, dem er gehört.

Also gelegentlich auch ein „Zweifüßler." Solche Unregelmäßigkeiten sind nicht unkünstlerisch.[4] Schon durch das Wilde, das dem Gegenstande vielfach anhaftet, ist es gerechtfertigt, daß auch der Stil eine gewisse Härte zeigt. Zuviel Feile wäre hier schlimmer gewesen.

Der Dichter hatte es eilig, sein Werk dem Wiener Burgtheater zur Aufführung anzubieten. Andere Bühnen kamen leider zunächst fast gar nicht in Betracht. Auch Weimar nicht, wo eben erst nicht bloß „Penthesilea" abgelehnt worden war, sondern sogar „Der zerbrochene Krug" Unglück gehabt hatte. In Wien dagegen kannte Kleist den gesinnungsverwandten Dichter des „Regulus", Heinrich Josef Collin. Dieser stand zu dem Burgtheater in Beziehung und konnte etwas für das Stück tun.[5] „Schlagen Sie es gefälligst der K. K. Theater-Direktion zur Aufführung vor," schrieb ihm Kleist am Neujahrstage 1809. „Wenn dieselbe es annehmen sollte, so wünsche ich fast (falls dies noch möglich wäre), daß es früher auf die Bühne käme als das Käthchen; es ist um nichts besser, und doch scheint es mir seines Erfolges sichrer zu sein." Monate vergingen. Dann drängte Kleist von neuem: „Wie steht's, mein teuerster Freund, mit der Hermannsschlacht? Sie können sich leicht denken, wie sehr mir die Aufführung dieses Stückes, das einzig und allein auf diesen Augenblick berechnet war, am herzen liegt. Schreiben Sie mir bald: es wird gegeben; jede Bedingung ist mir gleichgültig, ich schenke es den Deutschen: machen Sie nur, daß es gegeben wird." Und noch eins tat Kleist, um dem kriegerischen Bedürfnis jener Tage zu genügen: er dichtete (im Frühjahr 1809) den großartigen Gesang „Germania an ihre Kinder".

---

[4] Die versus imperfecti in der Äneis des Vergil sind was Anderes.
[5] Steig (S. 178) nennt Collin denjenigen österreichischen Dichter, „der an Talent, an Adel der Gesinnung, an Ernst der Arbeit, an Treue gegen das Vaterland und an Lebensschicksal mit dem preußischen Kleist verglichen werden kann. Kleist und Collin wurden durch die Not des Vaterlandes zu vaterländischen Dichtern, nachdem sie vorher in anderer Richtung, suchend und nicht befriedigt, gearbeitet hatten. Kleist und Collin nahm das Eine Jahr 1811 hinweg, ehe sie die Freiheit ihres Vaterlandes sahen. Es ist wie eine Fügung, das sie beide sich fanden und Verstanden."

> Horchet! — durch die Nacht, ihr Brüder,
> Welch ein Donnerruf hernieder?
> Stehst du auf, Germania?
> Ist der Tag der Rache da?
>
> Zu den Waffen! Zu den Waffen!
> Was die Hände blindlings raffen!
> Mit dem Spieße, mit dem Stab
> Strömt ins Tal der Schlacht hinab!

Man kann nicht leicht von der „Hermannsschlacht" sprechen, ohne zugleich dieses bedeutenden Schlachtgesanges zu gedenken. Soweit sich überhaupt eine Ode mit einem Schauspiel vergleichen läßt, sind die „Hermannsschlacht" und „Germania an ihre Kinder" richtige Seitenstücke. Beide Werke ergänzen sich zu einer Wirkung.

Aber die Bemühungen der Freunde waren vergeblich: es kam zu keiner Aufführung. Jahrelang fristete Kleistens „Hermannsschlacht" nur handschriftlich ihr Leben, und trauernd fügte ihr Schöpfer dem Titel das Distichon bei:

> Wehe, mein Vaterland, dir! Die Leier zum Ruhm dir zu schlagen,
> Ist, getreu dir im Schoß, mir, deinem Dichter, verwehrt.

Nach dem frühen Tode des Dichters verging noch ein Jahrzehnt, ohne daß weitere Kreise die letzten Dramen von Kleist kennen gelernt hätten. Dann geschah — durch Ludwig Tieck — die Veröffentlichung in den „Hinterlassenen Schriften". Es folgte die erste Gesamtausgabe der Kleistschen Werke, und so erlangte unser Stück, zusammen mit den übrigen Dramen, Gedichten und Erzählungen, allmählich immer mehr Anerkennung.

Die Worte, die Tieck in der Einleitung zur Gesamtausgabe 1826 der „Hermannsschlacht" widmete, sind bemerkenswert und mögen daher auch hier mitgeteilt werden. „Kleist hatte nicht die Absicht," heißt es da, „jene alte Zeit, ihre Charaktere und Verhältnisse auszumalen, sondern, was einem Dichter ebenso natürlich und erlaubt ist, er sah, von der Gegenwart bedrängt und begeistert, in diesem Spiegel die Vorzeit, er nahm diese nur als Bild seiner Zeit und der nächsten Verhältnisse; so knüpfte er seinen persönlichen Haß und seine lebendige Liebe an alte Namen und hielt seinen Zeitgenossen das Konterfei ihrer selbst und ihrer Schicksale vor. Diese Art, die Geschichte zu nehmen, ist am wenigsten am dramatischen Dichter zu tadeln, wenn er nur von seinem Gegenstande auf eine große Weise ergriffen und ganz von ihm durchdrungen ist; denn der Schauspieldichter soll ja die Vergangenheit in nächste Gegenwart verwandeln, und ein Geist wie Shakespeare sieht die Vorzeit auch ohne große Anstrengung persönlich vor sich, er begreift das Feinste, indem er das Nächste ganz verstanden hat: und so kann auch wohl ein Talent, das nicht diesen universellen Umfang hat, wenn begeisternde Stimmungen durch den Drang der Gegenwart ihn mit dieser mehr vertraut machen, als es außerdem geschehen sein würde, sich erheben und seine Zeit und die Vorwelt so kühn und schöpferisch verknüpfen, daß durch eine große Porträtmalerei sich sein Werk zu der Würde eines historischen Schauspiels erhebt, das seiner Umgebung und der Zukunft erfreulich und lehrreich wird. Dies scheint mit in diesem Hermann gelungen. Des Helden großer, unbezwinglicher Haß, seine feurige Liebe zu Deutschland und seiner Gattin, seine Klugheit, ja List im Einklang mit einfacher Biederkeit, seine Laune, seine tiefe Rührung und Erschütterung, die oft plötzlich hervorbricht, — alles dies ist trefflich und in ergreifenden Zügen gemalt. So die Uneinigkeit, Eifersucht und wankende Tugend der untergeordneten Gestalten, Marbods großer Sinn, Varus' Römeranstand und Stolz, wie die geschmeidige Hinterlist der römischen Politik. Hier ist nichts, was uns hindert, uns Hermanns Leben, sein Hauswesen, die Deutschen jener Zeit und Varus' Untergang ganz so zu denken, wie es uns der Dichter vorgestellt hat, — und zugleich sehen wir mit rührender Überraschung, daß nur von uns selbst und eigenem Drangsal des Vaterlandes die Rede sei, von unsern Hoffnungen und allem Herrlichen und Traurigen unserer Tage.

Gern vergleicht man damit die Zeilen, die später Geibel auf die Tadler der „Hermannsschlacht" dichtete:

> Wollt ihr den Sänger Armins mir trostlos schelten und bitter?
> Scheltet die bittere Zeit, welche das Lied ihn gelehrt.
> Gern als erquickender Tau auf Lilien wär' es gefallen;
> Aber ins dürre Gezweig schlug es als Hagelgewölk.

Was aber die Wirkung von der Bühne herab betrifft, so sollte sich dieses volle Leben erst entfalten, als das Zeitalter Wilhelms I. heraufkam und die Ziele Bismarcks deutlicher wurden. Wir lesen von einer Aufführung, die 1860 in Breslau stattfand. Es waren die Jahre, wo sich der Lustspieldichter Feodor Wehl bemühte, die „Hermannsschlacht" von Kleist auf die Bühnen zu bringen. Er hatte zu diesem Zweck das Stück bearbeitet, erfuhr aber damit noch mancherlei Enttäuschung. Vom Karlsruher Hoftheater z. B. schrieb ihm anfangs der Schauspieler Eduard Devrient: „Verhehlen will ich nicht, daß mir das Gedicht als das schwächste des mir überaus teuren Dichtes erscheint, und daß ich auch dafür halte: dieser große nationale Gegenstand müßte, gerade für unsere Zeit, viel größer, historischer, charaktervoller gefaßt werden, wenn er wahrhaft erbaulich wirken sollte." Dagegen meinte Wehl: „Die Hermannsschlacht größer, historischer, charaktervoller zu fassen, als Kleist das getan, ist unmöglich. Gerade ihre große, historische, charaktervolle Auffassung ist es, die sie uns heute fremd macht. Der Dichter schrieb sie mit der nationalen Wut und dem nationalen Zorn, die in seinem Kriegsgesange: ‚Germania an ihre Kinder' sich Ausdruck verschaffen und welche durch die Unterwerfung und Verachtung seines Vaterlandes wie durch die Mißachtung entstanden sind, die sein König und seine Königin durch Napoleon den Ersten erfahren hatten."

Im Januar 1861 fanden drei Aufführungen der „Hermannsschlacht" in Dresden statt. Hierüber liegen begeisterte Briefe Dawisons an Wehl vor. „Sie müssen wissen," schreibt der berühmte Schauspieler, „daß ich nächst Shakespeare keinen dramatischen Dichter so verehre wie Kleist. Die Wahrheit und der Humor ist's, die ihn unschätzbar machen." Und weiterhin: „Das Stück ging musterhaft, das überfüllte Haus horchte atemlos. Ich selbst wurde siebenmal gerufen, für Dresden eine Seltenheit."

Als bei der Feier, die am 18. Oktober 1863 zum Gedächtnis der Völkerschlacht bei Leipzig begangen wurde, unsere „Hermannsschlacht" an verschiedenen Orten zur Aufführung gelangte, meinte ein Leipziger Bericht-Erstatter, die Wahl des Stückes sei nicht recht passend gewesen. Er schrieb von „inneren Mängeln des Stückes", unter denen der auffallendste der sei, daß der Held, Hermann, „vom moralischen Standpunkte aus beleuchtet, sich wie ein heimtückischer Schuft benimmt." Wehl ärgerte sich über die „knabenhaften" Urteile, die aber auch in „Stimmen aus dem Publikum" laut wurden. „Wie knabenhaft die zu Tage gelegten Moralitätsansichten!" schreibt er. „Man vergibt es Hermann nicht, daß er schönredende Zungendrescher und selbst einen edlen Mann dem Tode weiht, um das Vaterland und dessen Freiheit zu retten. Als ob sich solche Taten immer mit reinen und unbefleckten Händen, ohne Blut, List, ja hier und da sogar ohne ein notwendiges Verbrechen vollführen ließen." Wenn dieses Drama, meint er, nicht unsere volle Sympathie erlange, so sei das mehr unsere als des Dichters

Schuld. „Wir sind zu verweichlicht und erschlafft, um diese männliche Herbigkeit ohne weiteres ertragen zu können."

Aber auch aus Karlsruhe meldete damals ein Bericht-Erstatter: es sei eine unglückliche Wahl gewesen und das Publikum habe sich nur wenig erwärmen können. „Als Drama," schreibt dieser Mann, „besitzt die Hermannsschlacht ohnehin nur den Wert, der in der Charakteristik Hermanns des Cheruskers enthalten ist. Aber auch in dieser Gestalt offenbart Kleist nicht allein den großen schöpfungsfähigen Dichter, sondern auch das zerrissene Gemüt, das ihn treibt, mit einem Realismus, der die Empfindungen in ihre entlegensten Winkel verfolgt, wie einst das eigene Leben, so auch die Gestalten zu unterwühlen, die er uns vor die Seele führt. Armin ist eine Gestalt, die dem Feinde des Vaterlandes gegenüber den Menschen völlig verleugnet: die Laster Roms liebt er, denn sie rechtfertigen seinen mordlustigen Haß; die Tugenden Roms, die er kennt, verabscheut er, denn sie drohen, seine Hassenstat zu lähmen. Das Stück hat zugleich eine wahre und schauervolle Tendenz: gegen den Feind, der die Existenz des Vaterlandes bedroht, ist jedes, auch das heimtückischste Mittel der Vernichtung erlaubt. Nur eine Zeit, wie die, in welcher Kleist schrieb, kann ein solches Drama verstehen, mit all seinen barbarischen Auswüchsen, und an ihm erglühen ... Hermann ist wohl verklärt durch die heroengleiche, leuchtende Vaterlandsliebe, die die Mutter seines Hasses ist. Aber er und seine barbarische halbwilde Umgebung sind uns menschlich viel ferner gerückt, als die Feinde, deren Eroberungspolitik in unsern Augen eine zivilisatorische Sendung annimmt. Wäre die Schlacht am Teutoburger Walde ein geschichtliches Ereignis, daß mit seinen politischen — Nachwirkungen greiflich in die Gegenwart hineinragt, so würde unsere nationale Empfindung sehr leicht Meister über den. Zug unserer Einbildungskraft, die uns geistig den Feinden näher rückt. So aber ist das germanische Barbarengeschlecht mitsamt seinem Siege uns fremd und geistig fern, und das nationale Gegengewicht fehlt. Darum ist das Publikum — auch abgesehen von der komischen Seite, welche den suevischen Schopf- und Zopffrisuren, den Bärenfellen, den Urhörnern und anderen schönen Pelz- und Galanteriewaren der Vorzeit leider stets von der Bühne herab innewohnt — gespalten und uneins in seiner Empfindung."

Diese Auffassung verdeutlicht die Stellung, die damals von den Wächtern der „wahren Bildung" eingenommen wurde und wodurch z. B. auch den Schöpfungen eines Richard Wagner soviel Widerstand erwuchs.[6] Wehl bemerkte dagegen: „Das ist die echte deutsche Leimsiederei, die auch einen großen Nationalkrieg, einen Krieg, in dem es sich um Sein oder Nichtsein eines ganzen Staates und Volkes handelt, glatt, fein, säuberlich und in schöntuender Menschlichkeit ausgefochten zu sehen wünscht. Man frage Engländer, Franzosen, Spanier, sie werden andere Ansichten entwickeln. Sollen wir Deutsche ewig so phantastisch und sonderbar feinfühlig und befangen in ästhetischen Vorstellungen bleiben?"[7]

Ein zweiter Bearbeiter entstand unserem Drama in dem Berliner Vortragskünstler und Schriftsteller Rudolf Genée. Dieser verfuhr noch „einsichtiger und schonender". Er verhalf dem Stücke zu schönen Erfolgen. In Buchform erschien die Bearbeitung Genées 1871. Vier Jahre später wurde das so eingerichtete Werk im Berliner Schauspielhaus gegeben. Über die-

---

[6] Die Wendung von der „zivilisatorischen Sendung" der römischen Eroberer erinnert an die ähnliche Auffassung der Napoleonischen Unternehmungen. (Noch im Mai 1813 erklärte Ney dem Leipziger Magistrate: Zweck des Feldzuges sei „die Zivilisation von Europa, welche nicht den Kosaken preisgegeben werden soll")

[7] Die Erinnerungen Wehls sind niedergelegt in seinem Buche „Zeit und Menschen" (Tagebuch-Aufzeichnungen aus den Jahren 1863—84). Neuerdings auch mitgeteilt bei Rahmer, „H. v. Kleist als Mensch und Dichter" (S. 301 ff.).

ses Ereignis — denn ein solches war die Aufführung —— schrieben Hans Hopfen in der Neuen freien Presse (27. Januar 1875) und Theodor Fontane in der Vossischen Zeitung (21. Januar 1875). Hopfen vertrat die Ansicht, daß die letzten Werke von Kleist einer eigentlichen „Bearbeitung" nicht bedürften, ja eine solche kaum verträgen. Er machte dementsprechende Inszenierungs-Vorschläge und wollte dabei sogar die Bärenzwinger-Szene beibehalten wissen. (Es ist dies die bedenkliche Stelle im fünften Aufzug, wo die von Ventidius gekränkte Thusnelda in ihrem Verlangen nach Rache jede weibliche Zartheit beiseite setzt und mit grausamer Hinterlist den Römer in den Zwinger lockt, damit ihn dort eine hungrige Bärin überfalle und zerfleische.) Fontane dagegen billigte die Eingriffe des Bearbeiters und fuhr dann fort: „Fachleute, die so leicht in Gefahr kommen, das Charaktervolle über das Schönheitsvolle, die geniale Kuriosität über das ästhetisch Zulässige zu setzen, werden diese Änderungen vielleicht mißbilligen und erklären, ihren Kleist lieber echt ‚mit Haut und Haar' als in dieser mehr sauberen Zurechtmachung genießen zu wollen; aber die Fälle sind nicht eben selten, wo das Allgemein-Empfinden denn schließlich doch richtiger ist und ernstere Erwägung heischt, als die in ihren Ansprüchen künstlich heraufgeschraubte Forderung Einzelner."

Wenige Jahre später nahmen die Meininger Schauspieler die „Hermannsschlacht" in ihren Spielvorrat auf und brachten sie auf ihren berühmten Kunstreisen zu Ehren.

2. Deutschland im Jahre 1808.

Wenn Kleist in Dresden durch die Straßen und Gassen seiner „Pirnschen Vorstadt" schritt, konnte er dem jungen Philosophen Karl Christian Friedrich Krause begegnen. Diesem war — eben im Jahre 1808 — die Idee des „Menschheitsbundes" aufgegangen. Im „Menschheitsbunde" sollte „alles rein und allgemein Menschliche als solches, das ganze Menschentum als Ganzes gefördert, gepflegt und vollendet werden". Seine Wirksamkeit sollte „friedlich und liebevoll" sein. Daher hieß es z. B. in dem „Tageblatt des Menschheitlebens": „Dem Bösen sollst du nie Böses entgegensetzen, sondern nur Gutes!" und: „Dem Übel, welches dir widerfährt, sollst du nicht Zorn entgegnen, sondern in ruhiger Ergebung in Gott überwinden." Und in Krauses „Erdrechtsbund" — diese Schrift entstand ebenfalls größtenteils im Jahre 1808 — lesen wir: „Was Jesus in der Religion, das ist Napoleon für den Staat ... Alles, was Napoleon tut, ist im Geist der Erde und der Menschheit. Es hat noch kein Herrscher, kein Philosoph den Geist der Erde und der Menschheit so verstanden, und es konnte ihn noch kein Held so verstehen." Und ferner: „Um so schöner und vollkommener ist das monarchische Verhältnis, wenn das Volk einen von Gott bestimmten Monarchen anerkennt und freiwillig bestellt, wie dies bei Napoleon ist, zumal da er in seiner Person die Idee der Europa-Völker darstellt." Und endlich: „Die große Armee vereinigt alles in sich, was die Vernunft von einer Armee Großes und Erhabenes wünscht und rühmt. Sie ist ein erhabenes Kunstwerk, sie ist noch jetzt und wird immer mehr der Stolz Europas sein. In ihr dienen, heißt den höchsten Weltzwecken dienen; in ihr sterben, für die größte, schönste Sache sterben."

Ähnlich — wenn auch weniger überschwenglich — dachten auch andre Große. Es sei hier nur Goethe erwähnt. Dieser arbeitete an seiner „Pandora" und an seinen „Wahlverwandtschaften". In den „Annalen" sagt er selbst darüber: „Pandora sowohl als die Wahlverwandtschaften drücken daß schmerzliche Gefühl der Entbehrung aus." In der Tat, diese Werke enthalten viel Bitterkeit, namentlich das zweitgenannte. Aber sie enthalten auch viel willige Entsagung. Insonderheit „Pandora" erzählt von „Gütern, die nicht verloren sind, weil sie unverlierbar sind."

Sie deutet auf ein „Reich, das nicht von dieser Welt ist." Und vollends die Stücke der „Wanderjahre", mit denen der Dichter ebenfalls beschäftigt war, — wie kräftig, wie trostreich geschieht da der Hinweis auf Innenkultur. Neue, „soziale" Freuden werden gelehrt. Freuden der ruhigen, harmonischen Entwicklung. Es sind die Jahre, wo Goethe wieder einmal nach besonderer „Reinheit," namentlich in der Kunst, strebt. Er geht dem Malerischen nach. Er vertieft sich mehr und mehr in die Naturwissenschaft. Die Gesellschaft in Karlsbad, in der sich Goethe bewegt, ist international. Man führt daselbst Gespräche, „ welche das Gewaltsame der auf einander folgenden Kriegsnachrichten ablehnten oder milderten." Der Dichter achtet auf alles Geologische. Er denkt mit Vorliebe an seine mineralogischen Sammlungen. Ende September 1808 finden wir ihn mit in Erfurt. Am 2. und 6. Oktober 1808 sind die berühmten Begegnungen Goethes mit Napoleon. Acht Tage später erhält Goethe den Orden der Ehrenlegion, über den er sich außerordentlich freut.

Welch andres Bild entsteht dagegen, wenn wir uns die gleichzeitige Tätigkeit der Kriegspartei am preußischen Hofe vergegenwärtigen! Wenn wir an den Freiherrn von Stein, an Scharnhorst und Blücher, an Ernst Moritz Arndt und all die andern Freiheitsapostel denken! Wir sehen da in ein durchaus politisches Getriebe. Da galt es zunächst, an der großen Staatsverwaltungs-Reform zu arbeiten. Da ging man, nachdem die Hörigkeit der Bauern aufgehoben worden war, an die neue Städte-Ordnung. Da wurde das Heereswesen vollständig erneuert. Im Sommer 1808 entstand der Tugendbund. Er politisierte — von Königsberg aus: — nur mittelbar; denn er mußte sich vor den französischen Spähern in acht nehmen. Er verbreitete „sittliche" und „monarchische" Gesinnung, meinte aber damit recht eigentlich deutsche Gesinnung. Auf diese Kreise wirkten die neuerlichen Kriegsnachrichten sehr ermutigend. Man hörte, daß in Spanien ein großer allgemeiner Aufstand begonnen habe, daß ein französischer General mit 20 000 Mann gefangen worden sei, daß die Engländer in Portugal gelandet seien usw. Napoleon läßt sich auf dem Fürstentage zu Erfurt huldigen, begibt sich dann selber nach Spanien auf den Kriegsschauplatz, dringt mit einem großen Heere bis Madrid vor aber die „Guerillas" bestehen ungeschwächt weiter.

So wurde der Winter von 1808 auf 1809 zu einer Zeit voll großer, fieberhafter Spannung. Kleist aber nahm an allen Hoffnungen, Zweifeln und Sorgen dieser Zeit regsten Anteil. Er war damals keineswegs nur Federheld, sondern tat als politischer Agitator vielseitige Arbeit. Der ehemalige Offizier hat sich überhaupt nicht gegen das eigentliche Volk abgeschlossen. Er hat gern an die Massen gedacht. Er hat das Ganze der Bevölkerung politisch beeinflussen wollen.[8] Die Tugendbündler waren diesem Feuerkopf nicht energisch genug. Er hielt sich nicht nur fern von ihrer Vereinigung, sondern verwarf geradezu ihre „dürftige" und „philisterhafte" Tätigkeit. Ebenso hielt er nichts von Fichte, der die Lebenden verloren gegeben hatte und an ein zukünftiges, nach einem neuen Plan zu erziehendes Geschlecht" hoffte. Auch Schleiermacher war dem Tugendbunde nicht beigetreten. Dafür beteiligten sich diese Männer an anderen, freieren Unternehmungen zur Rettung des Vaterlandes. Man hat gesagt, daß damals gewissermaßen das ganze preußische Volk eine einzige große Verschwörung zum Sturze der Fremdherrschaft gebildet habe. Aber diese geheime Bewegung zeigte auch viel Vereinzelung. Die Tugendbündler wollten „Einheit und Gemeinschaft des Strebens." Gut. Das wollten Kleist und seine Freunde auch, indem sie für ein großes, freies All-Deutschland wirk-

---

[8] Diesen „anti-aristokratischen" Zug bespricht Rahmer in seinem Buche „H. v. Kleist als Mensch und Dichter" S. 87—88.

ten und zu diesem Zwecke sogar zur Unterordnung unter die Habsburger bereit waren.[9] Im übrigen aber marschierten Kleist, Rühle, Pfuel usw. ihren eignen Weg. Wie viele Patrioten gingen damals — durch Briefe, Reisen, Besprechungen usw. — selbständig ans Werk! Wie viele Mittel zur Befreiung kamen in Betracht! Schleiermacher predigt: Nicht Ruhe sei die erste Bürger- und Christenpflicht, sondern Kampf. Er deutet in einem Briefe an seine Braut geheimnisvolle Dinge an: Diesen Winter würden noch große Veränderungen in Deutschland losgehen. Daß nächste Ziel war jedenfalls eine Massen-Erhebung in Brandenburg-Preußen. Es galt, den König Friedrich Wilhelm III. dafür zu gewinnen. Männer wie Kleist erwogen aber auch schon revolutionäre Schritte — kürzester, grausigster Art.

Das Bild vervollständigt sich, wenn wir die Schriften aufschlagen, die Arndt damals verfaßte und unter dem Titel „Geist der Zeit" sammelte. Hier ist Bonaparte ein „Ungeheuer", ein „Scheusal der Welt." Hier lesen wir: „Er ist nichts als ein Bandit und führt Banditen zum Raube." Die bezeichnendsten Wendungen stammen bereits aus der Zeit des Tilsiter Friedens. „O Tag der Rache!" ruft da der große Volksmann. „Du wirst, du mußt nahen. Wann ich deine heilige Flamme aufgehen sehe, will ich mich gern mit den Ersten hineinstürzen und jubelnd vergehen." Und ferner: „Dürfen Schreiber sprechen und Ausrufer rufen, welche ... die Welt und ihre Geschichte nicht kennen? welche sich und euch mit hohlen Ideen ... trösten ...? welche auf einen Bund der ganzen Menschheit auch in Einem Staate hinweisen, während der Menschen herrlichste Herrlichkeit, Freiheit und Selbstherrschaft, untergehen?" Oder ferner: „Ihr Teutschen, geliebte Landsleute und Brüder, ... ihr seid nicht mehr die Alten, nicht mehr die Gewaltigen, auch euch hat die allmächtige Zeit zum Richtigen abgeschliffen; aber ihr seid eben so stark, eben so gut, eben so tapfer als eure Tadler und Verhöhner. Nur Eintracht mangelt euch, nur ein großes Männerherz fehlt euch, das euch aus der Not emporheben, begeistern und zu unsterblichen Mühen für das zerfleischte Vaterland führen könnte ... Bonaparte wird besiegt werden, wenn man ihn mit seinen Instrumenten angreift ... Die gewöhnlichen Mittel der Mittelmäßigkeit und Menschenschonung helfen hier nichts. Ein großer Mann, gewaltig, gebietend und schnell, trete gegen ihn in die Rennbahn, strenge fürchterlich kühn die Kräfte der Welt an, kämpfe mit gleichen Waffen, und der Teufel wird durch die Hölle besiegt werden ... O einen Mann, der zünden und führen kann, der die Herzen mit Gott und mit teutscher Treue anblasen kann, der die Flamme dahin werfen kann, wo es lodern wird, — und wir Reichen und Hochbegabten dürfen nicht flehen um das, was uns gebührt!"

Es ist beachtenswert, daß es sich nicht bloß um Bewegung „von unten" handelt. Auch Stein gibt, während er noch im Amte ist und den preußischen Staat leitet, den Rat: man müsse in der Nation das Gefühl des Unwillens nähren, sie mit den Gedanken der Selbsthilfe, der Aufopferung des Lebens und des Eigentums, das ohnehin bald ein Raub der Unterdrücker werde, vertraut erhalten. Und Blücher schreibt: Mein Rat ist, zu den Waffen unsere und die ganze deutsche Nation aufzurufen, den vaterländischen Boden zu verteidigen, die Waffen im allgemeinen nicht ehender nieder zu legen, bis ein Volk, das uns unterjochen wollte, vom diesseitigen Rheinufer vertrieben sei; jeder Deutsche, der mit den Waffen wider uns getroffen werde, habe den Tod verwirkt; ich weiß nicht, warum wir uns nicht den Tirolern und Spaniern gleich achten wollen!

---

[9] Die schlesischen Kriege, durch die einst Friedrich d. Gr. seinen Ruhm begründet hatte, erschienen jetzt „schlechtweg als bedauerliche Bürgerkriege, von denen man nicht gern sprach."

Sprachgewaltigen Rednern und Dichtern lag es nun nahe, den Blick der gedemütigten Deutschen auf die Heldengestalten der vaterländischen Geschichte zu lenken und das Unglück der Gegenwart mit dem zu vergleichen, was in früheren Zeiten bereits erfahren und erlitten worden war. In diesem Sinne hatte Fichte gesprochen. Er hatte den Stolz erweckt, indem er die Deutschen als das Urvolk Europas gerühmt hatte. Geschichtskundige hätten jetzt finden können, daß der Franzosenhaß, der die Zeitgenossen durchglühte, völlig jenem Hasse gegen die Spanier entsprach, der im 16. Jahrhundert — unter Karl V. — im protestantischen Deutschland aufgelodert war. Jener Haß hatte hauptsächlich während des Schmalkaldischen Krieges Nahrung bekommen. Nach der Schlacht bei Mühlberg war es den Deutschen immer klarer geworden, daß es mit der nationalen Selbständigkeit abwärts ging. Überall kamen Fremde ans Ruder, überall übten spanische oder italienische Staatsmänner und Soldaten die Gewalt aus, und so hieß es denn z. B. in dem leidenschaftlichen „Liede eines sächsischen Mädchens":

> Mein Vaterland bedränget ist,
> Gefangen hart mit Falsch und List,
> Dein heiliges Wort wird weg getan,
> Des Bapstes Greuel fängt wieder an.
>
> Kein Schmuck an meinem Leibe sei,
> Bis Deutschland werde wieder frei,
> Kein Man noch Jüngling hier auf Erd,
> Dem ich freundlich zusprechen werd.
>
> Kein'n Trunk ich nim von keinem Man,
> Weil sie kein Herz im Leibe han;
> Stets soll mein Angesicht saur sehn,
> Bis die Spanier untergehn.

Indes, — diese Ähnlichkeit zwischen dem 16. und 19. Jahrhundert mußte unberücksichtigt bleiben. Ein Rückblick wie dieser hätte sich für die Patrioten der Jahre 1808 und 1809 nicht gelohnt. Spanien stand ja neuerdings in ganz anderm Lichte da! Die Spanier von 1808 und 1809 waren zu edlen Helden, zu bewunderten Vorbildern geworden!

Dagegen drängte sich der Vergleich mit dem Jahre 9 n. Chr. immer mehr auf. Man vergegenwärtigte sich die Lage Armins, — sie schien ganz dieselbe wie die gegenwärtige. War nicht Armin ein Held, gerade wie ihn die Lebenden brauchten?

In der „Friedensrede eines Teutschen" hatte daher Arndt ausgerufen: „Teutsche, vergesset Hermann nicht; flehet die Vorsehung an um einen solchen Mann und Befreier; weist eure Mitwelt und Nachwelt daraufhin: und er wird kommen, und ihr werdet Ein Volk sein und ein freies, starkes Volk."[10]

Und jetzt — im Herbst 1808 — begann Arndt sein „Letztes Wort an die Teutschen" mit einem Bruchstück aus einem ungedruckten Trauerspiel „Hermann". Der große Cherusker beschreibt da im Traumbild: sein Vater Siegmar sei ihm erschienen und habe Seherworte geredet. Diese Weißagung bezieht sich offenbar auf die Zeit des Dichters selbst:

> Und aus dem Greuelschwall, der Schande Überschwung
> Wird Einer aufstehn groß, ein hochgewalt'ger Mann.
>
> Er bricht dein Volk, o Hermann, tief ins Joch hinab,
> Durchfährt das Land mit Roß und Mann, wie Windesbraut

---

[10] „Geist der Zeit", 2. Teil, S. 224.

Durch dünne Halmen brauset, ohne Widerstand:
Wie Feu'r im dürren Walde wütet, geht sein Schwert,
Das Schreckenschwert, vernichtend hin durch weite Welt.

Die Männerblüte führt er weg in fremdes Land,
Wie einst der Römer uns geführt zum Euphrates,

Aus Blut nur wächst nach langem Streit ein frisch Geschlecht,
Das frei zu leben, freier schön zu sterben weiß;
Auf Schutt der Väter bau'n sie wieder Hütten auf.

Darauf redet der Dichter selbst. Er wendet sich an seine „Teutschen": „Landsleute, allzugeliebte und allzu unglückliche Landsleute, und doch noch nicht unglücklich genug, um zu fühlen, was ihr sein könntet und sein müßtet, um zu wagen, was ihr könnt, um auszusprechen, was ihr leidet und wodurch ihr es leidet — hättet ihr nur einmal gewagt, recht zu hassen und Tod und Sieg, eignen Untergang und fremde Vernichtung auf Ein Würfelspiel des Glücks zu setzen, eure heiligen Berge und Haine, die nie von Fremden bezwungenen, würden wieder ein freies Geschlecht sich in Freude rühren sehen, und eure besten Männer würden euch sagen dürfen, was ihr wert seid. O, daß meine Liebe euch den Haß, daß meine Wahrheit euch die Lüge, daß mein Grimm euch die Schwäche recht lehrte! daß ihr auf euch selbst hoffen und vertrauen lerntet und nicht auf das Fremde! daß ihr begreifen lerntet, worin denn eigentlich die fürchterliche Gewalt dessen liegt, der Europa von einem Ende bis zum andern verwüstet, der euch und alle andern Völker schändet und hat, nachdem er lange geschmeichelt und gelogen hat, jetzt endlich mit voller Banditen-Unverschämtheit erklärt, daß er befiehlt, weil er der Herr ist!" Und nach einer langen Auseinandersetzung heißt es dann: „O, daß wir Einen Willen, Einen Glauben, Einen Zorn hätten, wie wir Eine Sprache sprechen! es stände sogleich ein herrliches Volk da." Und dann: „O wenn, ein Gott alle teutschen Verräter und Buben, alle Helfer, und Hehler der fremden Tyrannei nähme, sie zusammen in einen Sack steckte und versenkte im Meere, wo es am tiefsten ist, und wenn dann das Volk, wie unsre Ahnen vormals, nur zu Keulen und Spießen griffe — das Franzosen-Ungeziefer, das bei uns ist, würde bald vertilgt sein, und neues würde nicht wieder kommen. So ist mein Haß." Und die Schlußworte dieser Rede lauten: „Fahre denn hin Nichtigkeit! und Stärke lebe! Haß beseele, Zorn entflamme, Rache bewaffne uns! Laßt uns vergehen für unser Land und unsere Freiheit, auf daß unsere Kinder ein freies Land bewohnen! Männer, auf und seid gerüstet! Ihr dürfet nicht leben als Sklaven."

3. Die wirkliche Schlacht im Teutoburger Walde.

Unter den alten Geschichtsschreibern, denen wir eine Schilderung oder Erwähnung der Schlacht im Teutoburger Walde verdanken, verdient zunächst Dion Berücksichtigung.[11] Denn dessen Bericht — in der zum größten Teil erhaltenen „Römischen Geschichte" — ist am ausführlichsten und, obwohl zeitlich von den Ereignissen ziemlich entfernt, doch im ganzen recht glaubwürdig.

„Die Römer", lesen wir bei ihm im 18. Kapitel des 56. Buches, „besaßen zwar verschiedne Teile von Germanien, doch nicht dicht beisammen, sondern wie sie gerade erobert worden waren ... Ihre Soldaten hielten daselbst ihre Winterquartiere und legten Städte an, und die

---

[11] Cassius Die Coccejanus, ein Verwandter des Dio Chrysostomus, wurde um 155 zu Nikäa geboren, bekleidete unter verschiedenen Kaisern hohe Ämter und starb in seiner Heimat um 235.

Barbaren fingen bereits an, sich in die römische Weise zu fügen (μετερρυθμίζοντο ἐς τὸν κόσμον σφῶν). Sie hielten zu bestimmten Zeiten Märkte ab (ἀγορὶς ἐνόμιζον) und pflegten friedlichen Umgang mit den Römern. Doch konnten sie hierbei die Sitten der Väter, die Bräuche der Vorzeit, die alte Freiheit und Waffenlust nie gänzlich vergessen. Solange nun die Entwöhnung allmählich und behutsam von statten ging (ἰδᾶ τινι μετὰ φυλακῆς), war ihnen das Neue nicht beschwerlich, ja sie merkten kaum, daß sie andre Menschen wurden (ἐλάνθανον σφᾶς ἀλλούμενοι). Als aber Quintilius Varus, der vorher Statthalter in Syrien gewesen war, das Oberkommando in Germanien erhielt und sich der Geschäfte daselbst angenommen hatte, suchte dieser die Umwandlung zu beschleunigen. Er behandelte die Germanen, als ob sie schon völlig dienstbar wären, und legte ihnen Schatzungen auf wie richtigen Untertanen. Das ertrugen sie nicht. Die Vornehmen unter ihnen sehnten sich nach der Machtstellung zurück, die sie einst gehabt hatten, und auch die Menge fand, daß die frühere Ordnung der Dinge besser gewesen sei als die jetzige Fremdherrschaft. Doch schritt man nicht zu einem offenen Abfalle; denn man sah nicht nur, daß im eignen Lande die Zahl der Römer groß war, sondern wußte auch, daß viele Römer am Rheine standen. Die Germanen nahmen vielmehr den Varus auf, als ob sie alle seine Anordnungen vollziehen wollten: sie lockten ihn aber vom Rheine weg nach dem Cheruskerlande und an die Weser (προήγαγον αὐτὸν πόρρω που ἀπὸ τοῖ Ῥήνου ἐστε τὴν Χερουσκίδα καὶ πρὸς τὸν Οἴσουργον), und da sie auch hier äußerst friedlich und freundschaftlich taten, ließ sich Varus verleiten, anzunehmen, daß diese Germanen wohl auch ohne seine Soldaten Fügsamkeit lernen würden (δουλείειν δυνάμενοι)".

„Er hielt daher seine Kriegsmacht nicht so beisammen, wie es sich in einem feindlichen Lande gehörte. Viele Soldaten waren nicht zur Stelle (ἀπ' αὐτῶν συχνοὶς διέδωκεν), weil sie irgendwohin als Schutztruppe erbeten worden waren oder beim Aufgreifen von Räubern helfen sollten oder mit dem Herbeischaffen von Lebensmitteln beauftragt waren. Die eigentlichen Urheber des Anschlages (τῆς ἐπιβουλῆς), die dann auch beim Kampfe die Anführung übernahmen, waren Armin und Segimer (Ἀρμένιος καὶ Σηγίμερος), welche beide stets um Varus waren und oft an seiner Tafel speisten. Der Prokonsul setzte in sie das vollkommenste Vertrauen und besorgte so wenig etwas Übles, daß er nicht bloß denen, die das. kommende Unheil voraussahen und zur Wachsamkeit mahnten, nicht glaubte, sondern sie auch als Verleumder hinstellte und wegen ihrer unnötigen Angst schalt. Indem erregten zunächst einige entferntere Stämme, geheimer Verabredung gemäß, einen Aufstand (ἐπανίστανταί τινες πρῶν ἄπωθεν αὐτοὶ οἰκούντων ἐκ παρασκευῆς). Man wollte auf diese Weise den Varus, wenn er — anscheinend durch sicheres Gebiet hindurch — den Empörern entgegenzöge, in eine Falle locken, und sagte sich: wenn sich alle zugleich empörten, würde Varus seine Haltung sofort ändern und keine Spur von Sorglosigkeit mehr zeigen. So geschah es denn auch. Die Verschworenen ließen den Varus vorausgehen,[12] selber aber blieben sie zurück, angeblich, um Rüstungen zu betreiben und dann mit Hilfsvölkern nachzukommen. Plötzlich zogen sie die Streitkräfte, die sie schon in Bereitschaft gehalten hatten, an sich; jeder Stamm entledigte sich mordend der römischen Soldaten, die bei ihm waren und die man sich erst vom Prokonsul ausgebeten hatte, und nun, wo Varus bereits in unwegsamen Wäldern stand, kamen sie über ihn (ἐπῆλθον αὐτῷ ἐν ὕλαις ἤδη δυσεκβάτοις ὄντι) — nicht Untergebene, sondern Feinde — und setzten dem Marschierenden hart zu (καὶ πολλὰ καὶ δεία εἰργάσαντο)."

---

[12] Die Lesart προέπεμψαν αὐτὸν ἐξορμῶντα ist nicht sicher.

„Die Gebirge in dieser Gegend waren besonders wild und zerklüftet. Die Bäume standen dicht und waren außerordentlich groß. Daher waren die Römer durch Umhauen von Gehölz, durch Arbeiten an den Wegen, durch Brückenschlagen usw. abgemattet, ehe sie noch von den Feinden angefallen wurden. Überdies hatten sie wie im Frieden eine Menge Wagen und Lasttiere, Kinder und Weiber bei sich. Der Troß war so zahlreich, daß schon aus dieser Ursache kein rechter Zusammenhalt beim Marschieren möglich war. Hierzu kam Platzregen und Sturmwind. Die Soldaten verloren dadurch noch mehr die Fühlung unter einander. Der Boden wurde schlüpfrig und gestattete nur unsichere Tritte. Überall mußte man über Wurzeln klettern, überall lagen umgestürzte Bäume oder fielen brechende Äste hernieder. Das mehrte die Verwirrung."

„Während sich nun die Römer in solcher Not befanden, drangen die Barbaren von allen Seiten herzu. Selbst der dichteste Wald hielt sie nicht auf, da ihnen die Pfade bekannt waren. So wurden die Römer umzingelt. Anfänglich schossen die Germanen aus der Ferne. Schon dadurch richteten sie vielen Schaden an. Als sie dann merkten, daß kein ordentlicher Widerstand geleistet wurde, gingen sie den Römern unters Gesicht (ὁμόσε αὐτοῖς ἐ χώρηαν). Diese vermochten sich nicht zu ordnen. Fußgänger und Wagen. Bewaffnete und Unbewaffnete, alles war ein großes Durcheinander. Nirgends bot sich ein Sammelplatz. Unaufhörlich beunruhigt, auch an Zahl überall schwächer als die Angreifer, erlitten sie stets neue Verluste, ohne selber schaden zu können (ἔπαχον μὲν πολλά, ἀντέδρων δὲ οὐδέν)."

„Endlich erreichten sie einen Punkt, der einigermaßen paßte, und schlugen sofort ein Lager auf. Sie verbrannten hier einen großen Teil ihrer Wagen. Unter Zurücklassung des meisten Gepäckes brachen sie am folgenden Tage wieder auf. Sie marschierten jetzt in besserer Ordnung und drangen so auf eine Lichtung vor (ὥστε καὶ ἐς ψιλόν τι χωρίον προχωρῆσαι). Jedoch auch diese Strecke wurde nicht ohne Blutvergießen zurückgelegt. Von dort gerieten sie wieder in den Wald. Sie verteidigten sich zwar gegen die Angriffe, die von neuem auf sie geschahen, doch die Verluste waren wieder nicht klein. Damit Reiter und Legionssoldaten geschlossen gegen die Feinde anrennen könnten, drängten sie sich in dem engen Gelände zusammen. Aber dabei behinderten sie sich gegenseitig nicht wenig. Vielfach wurden sie auch durch die Bäume behindert."

„Der Tag brach an, während sie von neuem auf dem Marsche waren,[13] und wiederum setzte heftiger Regen und Sturmwind ein. So konnten sie weder vorschreiten noch festen Fuß fassen. Auch die Möglichkeit, die Waffen zu gebrauchen, schwand. Pfeile, Wurfspieße, Schilde, alles war durchnäßt und versagte den Dienst. Die Feinde hatten es besser: sie waren großenteils sehr leicht bewaffnet und kannten die sichersten Gelegenheiten, anzugreifen und zurückzugehen. Überdies hatte sich ihre Menge sehr vergrößert; denn viele von denen, die erst den Ausgang abwarten wollten kamen jetzt herbei, und andre wurden von der Hoffnung auf Beute angelockt. Immer leichter wurde es, die Römer, die schon durch das bisherige Kämpfen sehr geschwächt waren, zu umringen und niederzumachen. Varus und seine Offiziere beschlossen daher, zu tun, wie es in so harter Bedrängnis die Notwendigkeit gebot: aus Besorgnis, lebend gefangen zu werden oder unter den Händen der grimmen Feinde zu sterben — verwundet waren sie ohnehin schon — töteten sie sich selbst."

---

[13] Τότε γὰρ ἡμέρα πορευομένοις σφίσιν ἐγένετο. Die Lesart wird angezweifelt. Schon frühzeitig vermutete man z. B. τρίτη statt τότε.

„Als das bekannt wurde, dachte niemand mehr an Verteidigung, selbst wenn er die Kräfte dazu hatte. Mancher folgte dem Beispiele des Heerführers andre warfen ihre Waffen weg und boten sich so jedem dar, der sie töten wollte. Flucht schien unmöglich und wurde zunächst gar nicht versucht. Die Germanen mähten alles nur so nieder (ἀδεῶς): Mann und Pferd, wie es gerade kam (πᾶς καὶ ἀνὴρ καὶ ἵππος) ... Unfehlbar wären alle Römer entweder umgebracht oder gefangen worden, wo nicht die Barbaren über die Beute hergefallen wären und damit die Zeit verloren hätten. Dadurch entkamen manche, die noch bei Kräften waren. Unter den Fliehenden befanden sich auch einige Trompeter. Deren Blasen brachte die Germanen auf den Gedanken, daß Hilfsvölker vom Asprenas[14] im Anzuge wären. Denn die Nacht war inzwischen hereingebrochen, und man konnte nichts mehr unterscheiden. Die Verfolger machten daher halt, und Asprenas, der das Geschehene erfuhr, bekam Gelegenheit, wirklich Hilfe zu leisten."

Dion erzählt dann noch von der Betrübnis des Augustus, von der Furcht, das; die Germanen auf Italien und auf Rom losgehen würden, von den neuen Aushebungen, die sogleich vorgenommen Wurden, von den Unruhen, die man sonst noch im Reiche erwartete, und endlich von den vielen Wunderzeichen, die man damals beobachtete und aus denen man den Zorn des Himmels schloß.

Einen glaubwürdigen Bericht lieferte ferner Velleius Paterkulus, der unter dem Oberbefehl des Tiberius gedient hatte, dabei in Germanien und Pannonien gestanden hatte[15] und dann im Jahre 30 einen Abriß der römischen Geschichte verfaßte.

Im zweiten Buche dieses Geschichtswerkes — Kap. 117 ff. — lesen wir: „Varus Quintilius entstammte einer alten, angesehenen Familie, die aber in der Geschichte nie sonderlich hervorgetreten war.[16] Er neigte zur Sanftmut und zur Ruhe,[17] hatte in seinem ganzen Wesen etwas Bequemes (immobilior) und kannte mehr das gemütliche Lagerleben als den anspannenden Dienst des Krieges. Wie wenig er ein Verächter des Geldes war, bezeugte Syrien, welches er als ein reiches Land kennen lernte, da er selbst noch kein großes Vermögen besaß, und woraus er, als aus einem armen Lande, mit Reichtümern wegzog (quam pauper divitem ingressus, dives pauperem reliquit). Als er hernach den Oberbefehl in Germanien hatte, bildete er sich ein, er habe es mit harmlosen Wilden zu tun, die außer der Sprache und den Gliedmaßen nichts mit den Kulturmenschen gemein hätten. Er gedachte dieses Volk — ein Volk voll unbändigster Kriegslust! — durch Einführung des römischen Rechts zahm zu machen (posse iure mulceri). Infolgedessen wagte er sich bis ins Innere Germaniens und verbrachte den Sommer, indem er Gericht hielt und Urteile fällte, — als bestünde die Menge um ihn herum aus lauter Weichlingen und Friedensschwärmern."

„In Wahrheit vereinigten aber die Germanen — man muß das selbst erfahren haben, um es zu glauben— mit der furchtbarsten Kampfbegierde die äußerste Verschlagenheit. Sie zeigten sich, dem Varus gegenüber, so recht als listige Rasse. Sie beleidigten sich zum Schein, erlogen falsche Streitsachen, sodaß oft ein ganzes künstliches Trug-Gewebe entstand, und dann heuchelten sie Dankbarkeit, daß Varus diese Schwierigkeiten durch seine römische Gerechtigkeitspflege beseitigt habe. Sie schienen förmlich stolz darauf zu sein, daß ihre rohen Sitten

---

[14] Der Römer, der am Oberrheine befehligte.
[15] Im Jahre 14 wurde er zum Prätor befördert.
[16] Die ursprüngliche Lesart ist: illustri magis quam nobili ortus familia. Statt dessen pflegt man aber zu lesen: nobili magis quam illustri o. f.
[17] Moribus quietus. Quietus i. e. modestus, qui non vult excellere supra alios, nullam sibi potentiam asciscit.

durch die neue Ordnung schon zivilisierter würden. Sie schienen sich zu freuen, daß nun das Recht entschiede, wo vormals die Waffen hätten entscheiden müssen. Hierdurch verleiteten sie den Quintilius zu grober Nachlässigkeit, sodaß er sich wie ein Prätor in Rom fühlte, der auf dem Markte Gericht hält, und dabei fast vergaß, daß er ein Kriegsheer — in der Mitte von Germanien! — anzuführen hatte."

„Ein junger, vornehmer Germane, der nicht bloß sehr tapfer war, sondern auch große Auffassungsgabe besaß (sensu celer) und mit seinem Geistesfluge allen Landsleuten außerordentlich voraus war (ultra barbarum promptus ingenio), wußte jetzt die Verhältnisse zu benutzen. Er hieß Armin und war der Sohn eines germanischen Fürsten Segimer (Arminius, Sigimeri principis gentis eius filius). Ein ungewöhnliches Feuer leuchtete diesem Jüngling aus Auge und Antlitz (ardorem animi vultu oculisque praeferens). Dabei hatte er sich manche Erfahrung erworben: unsern Feldzügen hatte er jahraus jahrein beigewohnt, und daß römische Bürgerrecht, ja auch die römische Ritterwürde zierte ihn. Weil er nun die Energielosigkeit unseres Feldherrn erkannte, wagte er etwas Ungeheuerliches. Er rechnete eben mit der Tatsache, daß niemand leichter zu täuschen ist als der Sorglose und daß aller Mißerfolg von der Unachtsamkeil, vom Sichgehenlassen herzurühren pflegt. Erst weihte er nur wenige in seinen Plan ein. Dann wurden mehr zugezogen. Die Römer — das war sein Gedanke — sollten plötzlich überfallen und überwältigt werden. Die Möglichkeit, den Gegner zu besiegen, stellte er den. Seinen immer wieder vor, und schließlich überredete er sie. Vom Entschluß kam es zum Handeln. Eine Zeit wurde bestimmt, wo der Hauptschlag geschehen sollte."

„Dem Varus wurde das durch einen getreuen und angesehenen Mann aus demselben: Volke, Segest, hinterbracht. Aber es war wie ein Verhängnis: Varus verschmähte den guten Rat. Sein Verstand ließ bereits alle Schärfe vermissen. Wenn ein Mensch zu Falle kommen soll, macht ihn die Gottheit blind. Alles wirkt dann zusammen, damit sich das Unglück vollende, und ein zufälliges Versehen stellt sich plötzlich als schreckliche Verschuldung heraus. So kam es, daß Varus nicht glaubte, was man ihm meldete. Er blieb dabei: er habe sich um die Germanen Verdienste erworben, und das würden ihm diese Leute durch Zuneigung vergelten. Die Warnung ward also in den Wind geschlagen. Und nach der ersten Anzeige der Verschwörung blieb keine Zeit zu einer zweiten Anzeige übrig!"

Der eigentliche Schlachtbericht ist bei Velleius ganz kurz. Es wird da hauptsächlich beklagt, daß sich alles vereinigt habe, um dem „herrlichen" Römerheere zu schaden. Der Feldherr bekommt noch einmal einen scharfen Tadel.[18] Dann heißt es: „Die Unglücklichen sahen sich also in Wälder und Sümpfe eingeschlossen und wurden von den hinterlistigen Feinden jämmerlich niedergemacht. Und eben diese Feinde hatte man vorher so mißachtet, hatte ihrer in zahlreichen Schlachten ganze Mengen niedergemetzelt und die Unterworfenen mit grenzenloser Willkür behandelt! ... Der Feldherr zeigte größeren Mut zum Sterben als zum Streiten. Er folgte dem Beispiele, da; einst sein Vater und sein Großvater gegeben hatten, und erstach sich selbst. ... Den halbverbrannten Leichnam des Varus zerfleischte die feindliche Grausamkeit. Sein Haupt ward abgehauen und dem Marbod überbracht (ad Maroboduum); von diesem ward es dem Augustus zugesandt und erhielt noch die Ehre, in das Familienbegräbnis zu kommen."

---

[18] Marcore ducis. H. e. torpore s. segnitia.

Wenden wir uns nunmehr zu den Kriegsgeschichten des Florus.[19]

Dieser Erzähler beginnt mit den Erfolgen, die Drusus, der Stiefsohn des Kaisers, in Deutschland gehabt hatte. „In Germanien herrschte bereits eine solche Ruhe, daß die Einwohner gegen früher wie umgewandelt, ihr Land verändert, ja selbst die Witterung linder und milder geworden schien." Doch bald naht das Unheil. „Die Behauptung einer solchen neuen Provinz ist schwieriger als die bloße Besitz-Ergreifung ... Die Germanen waren besiegt, aber noch nicht eigentlich bezwungen. Es war auch nicht sowohl unsere Waffenmacht gewesen, die auf das Volk Eindruck gemacht hatte, als vielmehr unsere Kultur überhaupt. Nun war Drusus gestorben, und statt seiner sah man jetzt den weichlichen und dabei rücksichtslos herrischen Varus Quintilius. Dieses neue Wesen erweckte ungemeinen Haß. Varus wurde immer anmaßender und steckte den Richter heraus, als könnte die Naturkraft des Germanenvolkes durch das Dreinfahren von untergeordneten Beamten gebrochen werden. Die gedemütigten Männer, die es schon längst schmerzte, daß ihre Schwerter rosteten und ihre Schlachtrosse untätig dastanden, griffen unter Armins Führung zu den Waffen, da sie die schlaffe Haltung der Römer bemerkten und ein Gerichtsverfahren kennen lernten, das empörender war als Niederlage im Kriege (ut primum togas et saeviora armis iura viderunt). Segest, einer der germanischen Fürsten, verriet die Verschwörung. Aber Varus — rührte sich nicht. Er war fest überzeugt, daß das Volk Frieden halten würde. Welcher Leichtsinn! Der ahnungslose Mann wird also auf einmal angegriffen. Er wird vollständig überrascht. Eben noch zitiert er germanische Leute vor seinen Richterstuhl — da dringen auch schon die Aufrührer von allen Seiten herbei, daß Lager wird genommen, drei Legionen werden überwältigt (itaque improvidum et nihil tale metuentem ex improviso adorti, cum ille — O securitas! — ad tribunal citaret, undique invadunt; castra rapiuntur, tres legiones opprimuntur)!"

„Das Schicksal des Varus erinnert an das des Paulus nach der Schlacht bei Kannä. Beide Feldherrn wollten ihre Niederlage nicht überleben. Nichts grauenvoller jedoch als das Blutbad weithin in diesen germanischen Wäldern und Sümpfen. Nichts unerträglicher als der Hohn, den die Barbaren verübten. Sie ließen ihre Wut vornehmlich an den Sachwaltern aus. Einigen rissen sie die Augen aus, andern hieben sie die Hände ab. Einem nähten sie den Mund zu, nachdem sie ihm die Zunge ausgeschnitten hatten, und einer von den Barbaren nahm dann diese Zunge in die Hand und rief: Jetzt ist es aus mit deinem Gezisch, du Natter (tandem vipera sibilare desisti)! Auch der Leichnam des Konsuls, den die getreuen Soldaten, um ihn, den Feinden zu entziehen, notdürftig begraben hatten, wurde wieder hervorgeholt. Noch heute sind die Heereszeichen und zwei Adler im Besitze der Barbaren. Den dritten Adler ließ der Träger nicht in die Hände der Feinde kommen: er riß ihn ab und versteckte ihn unter seinem Gürtel, bis er mit ihm in den blutigen Morast versank."

„Die Folge dieser Niederlage war, daß die Herrschaft der Römer, die vorher nicht einmal vor dem Weltmeere hatte halt machen wollen, am Ufer des Rheins ihre Grenze fand."

Bei Sueton, dem Biographen der ersten Cäsaren, finden wir die Betrübnis des Augustus anschaulich geschildert. Es heißt da: der Kaiser habe vor Kummer die Pflege seines Äußeren vernachlässigt. Bisweilen habe er sich ganz wie ein Verzweifelnder gebärdet, habe den Na-

---

[19] Epitoma de Tito Livio bellorum omnium annorum DCC. (Das Bellum Germanicum ist das dreißigste im zweiten Buche, gegen Ende des Werkes.)

men des Varus gerufen und gejammert: „Ich will meine Legionen wiederhaben!" Den Jahrestag der Schlacht habe er immer wie einen großen Trauertag begangen.[20]

Den großen Tacitus erwähnen wir hier zuletzt; denn er behandelt ja nur die Zeit nach Augustus. Zum Glück besitzen wir aber das gewichtige Zeugnis dieses Geschichtsschreibers für die späteren Taten und Schicksale des Arminius. Nachdem Augustus gestorben und Tiberius der Herr des römischen Reichs geworden ist, nimmt Germanikus, der Sohn des Drusus die alte Eroberungspolitik wieder auf und dringt mit seinen rheinischen Legionen ins Germanenland ein. Schon im Jahre 15 verliert Armin seine Gattin: ihr Vater Segest liefert sie den Römern aus. Armin „fliegt durch das Cheruskerland, Krieg gegen Segest, Krieg gegen den Cäsar fordernd." Es gelingt ihm, einen Bund germanischer Völker gegen Rom zustande zu bringen. Germanikus berührt auf seinem Zuge gegen die Verbündeten das Schlachtfeld im Teutoburger Walde und läßt die umherliegenden Gebeine in einem Massengrabe beisetzen. Er muß bald wieder umkehren, und seinem Legaten Cäcina droht bei den „Langen Brücken" dasselbe Schicksal wie dem Varus. Die Germanen sind während zweier Schlachttage im Vorteil, machen dann aber — gegen den Rat des- Armin! — einen Sturm auf das Lager des Cäcina, und dieser Sturm mißlingt. Im Jahre 16 steht Armin wieder an der Spitze eines ansehnlichen Völkerbundes. Germanikus läßt auf zahlreichen Schiffen eine Menge Soldaten bis zur Mündung der Ems befördern, zieht dann landeinwärts, und es kommt zu der großen Schlacht auf dem Idistavisusfeld. Armin wird schwer verwundet. Die Germanen müssen weichen. Ebensowenig ist es ihnen in einer zweiten blutigen Schlacht möglich, die Legionen entscheidend zu schlagen. Aber ihr Mut ist ungebrochen, und die Schwierigkeiten sind und bleiben für Germanikus groß. Tiberius ruft daher den Germanikus vom Kriegsschauplatz ab. Im Jahre 17 wird in Rom jener Triumph gefeiert, bei welchem die gefesselte Thusnelda mit ihrem Söhnchen der Schaulust der Weltstadt preisgegeben ist. Es folgt die Zeit, wo sich Armin und Marbod befehden. Marbods Macht nimmt ein rasches Ende. Aber auch der Cheruskerbund hat keinen rechten Bestand. Nicht lange, so führen die inneren Zwistigkeiten der Germanen zu einer die Welt erschütternden Untat: Armin wird ermordet. Alle diese Begebenheiten kommen in den beiden ersten Büchern der „Annalen" des Tacitus zur Sprache.

Die Reden, die im 58. und 59. Kapitel des ersten Buches der „Annalen" mitgeteilt sind, eignen sich besonders, die Leiden jener Tage nachfühlen zu lassen. Segest übergibt sich und die Seinen der Gnade des Germanikus, indem er etwa folgendermaßen spricht: „Nicht der erste Tag ist dies, der meine Anhänglichkeit und Beständigkeit gegen das römische Volk bezeugt. Seitdem ich von dem verewigten Augustus mit dem Bürgerrechte beschenkt bin, habe ich mir meine Freunde wie meine Feinde nach eurem Vorteil erwählt, und zwar nicht aus Haß gegen mein Vaterland — denn Verräter sind ja denen selbst zuwider, denen sie sich widmen — nein, weil ich erkannte, daß zwischen Römern und Germanen Interessengemeinschaft besteht und daß es für beide Völker gut ist, wenn sie sich vertragen. Infolgedessen habe ich einst den anführerischen, wortbrüchigen Arminius, den Entführer Meiner Tochter, bei Varus angeklagt, der damals an der Spitze eures Heeres stand. Hingehalten durch die Fahrlässigkeit des Feldherrn, drang ich damals — weil das Gesetz zu wenig Schutz gewährte — darauf, daß er mich nebst Arminius und den Mitverschworenen in Fesseln legen möchte. Des ist Zeuge jene Nacht — o wäre sie meine letzte gewesen! ... Was folgte, läßt sich mehr beklagen als

---

[20] Adeo denique consternatum ferunt, ut per continuos menses, barba capilloque submisso, caput interdum foribus illideret, vociferans: Quintili Vare. legiones redde! diemque cladis quotannis maestum habuerit ac lugubrem. (Leben des Augustus, Kap. 23.)

verteidigen. Ich habe dem Arminius manchen Schaden zugefügt. Er und sein Anhang haben das gleiche an mir getan. Wenn ich mich nun endlich an dich wende, so geschieht es in der Erwägung, daß die Verhältnisse, wie sie sich in den letzten Jahren gebildet haben, keinen Fortschritt bedeuten. Ich ziehe dem gegenwärtigen Wirrwarr die friedliche Entwicklung vor, die wir vorher hatten. Nicht sage ich das eines Lohnes wegen, sondern um mich vom Verdachte der Unzuverlässigkeit zu reinigen, — zugleich als schicklicher Vermittler zwischen euch und den Germanen, falls diese vorziehen, Reue zu bezeigen, statt ins Verderben zu rennen. Für des Sohnes jugendliche Verirrung bitte ich um Nachsicht.[21] Die Tochter — ich gestehe es — hat nur Zwang hierher geführt. Du wirst bestimmen, was den Ausschlag geben soll: ihr Verhältnis zu Arminius oder der Umstand, daß sie meine Tochter ist." Die Worte, mit denen hierauf Armin seine Cherusker zur Rache aufruft, sind von Tacitus indirekt wiedergegeben. Er habe selbst Schmähungen nicht zurückgehalten, heißt es. Ein trefflicher Vater, ein großer Feldherr, ein heldenmütiges Heer — sie, die mit so vielen Armen ein schwaches Weib hinweg geführt hätten! Vor ihm, dem Arminius, seien drei Legionen, drei Legaten niedergesunken! Denn nicht mit Verräterei, nicht gegen schwangere Frauen, sondern offen, gegen Bewaffnete pflege er den Krieg zu führen. Noch sehe man in den heimischen Hainen die römischen Fahnen, die er den vaterländischen Göttern geweiht. Möge Segest das unterjochte Uferland bewohnen, möge er seinem Sohne das römische Priesteramt wieder verschaffen. Für die übrigen Germanen könne es sich nur um eines handeln: um Sühne für die Schmach, daß zwischen Elbe und Rhein die römischen Ruten und Beile geherrscht hätten und die römische Toga sichtbar gewesen wäre. Rom sei nicht die Welt. Es gäbe noch andre Völker. Freie Völker. Die hätten nie etwas von römischem Wesen erfahren. Die müßten auch nichts von Hinrichtungen im Namen des römischen „Rechts", nichts von Tribut an Rom. Sie, die Cherusker, hätten sich ja auch wieder frei gemacht. Augustus sei nicht mehr unter den Lebenden, und sein „Geist" werde nicht mehr schaden. Auch Tiberius, der „Ausnahmemensch", werde sich wohl hüten, je wieder in Germanien zu erscheinen. Man möge doch also nicht zittern vor dem unerfahrenen Knaben, dem Germanikus. Dem gehorchten nicht einmal die eignen Soldaten. Wofern ihnen, den Cheruskern, die alte, stolze, heimische Art, wofern ihnen mit einem Worte das Vaterländische lieber wäre als die Gebundenheit und Gedrücktheit, die ihrer in fernen Pflanzstädten warte, so möchten sie ihm, dem Arminius, auf der Bahn zum Ruhm und zur Freiheit folgen, nicht aber dem schändlichen Verführer, dem ehrlos gewordenen Segest.

Das Schlußkapitel des zweiten Buches der „Annalen" enthält sozusagen den Nachruf, den der große Historiker dem großen Nationalfeinde schuldig zu sein glaubte. „Er muß Germaniens Befreier genannt werden," sagt hier Tacitus von Armin. „Dabei ist bemerkenswert, daß es in dem Kampfe, den er entfesselte, nicht gegen politische Anfänger ging, sondern gegen das in der ganzen Welt am weitesten fortgeschrittene, zur glänzendsten Höhe gelangte Staatswesen. Er hat nicht immer seine Schlachten gewonnen, aber er blieb doch stets der unbezwingliche Kriegsheld. Nur 37 Jahre alt ist er geworden, nur 12 Jahre hat er geherrscht; aber noch heute lebt sein Gedächtnis in den Liedern der nichtrömischen Völker."[22]

---

[21] Segimund, der Sohn des Segest, war römischer Priester beim Altar der Ubier gewesen, hatte aber im Jahre 9 „die priesterlichen Binden zerrissen" und war zu den Empörern geflohen.
[22] Was Tacitus gelegentlich noch über den Sohn des Arminius geschrieben hat, ist nicht erhalten. Daß dieser Sohn Thumelikus geheißen habe und als dreijähriges Kind im Triumphzuge des Germanikus zu sehen gewesen sei, erwähnt Strabo.

4. Vergleich mit anderen künstlerischen Darstellungen.

Das erste große Kunstwerk, das dem Andenken Armins geweiht wurde, war der Roman „Arminius", den im 17. Jahrhundert der schlesische Dichter Lohenstein schrieb. Dieses Werk wurde in den Jahren 1689 und 1690, als Lohenstein bereits tot war, durch den Druck veröffentlicht. Es ist eine zweiteilige Erzählung von ganz außerordentlichem Umfang. Jeder Teil enthält neun Bücher.[23] Der erste Titel lautet folgendermaßen: Daniel Caspers von Lohenstein Großmütiger Feldherr Arminius oder Herrmann, als ein tapferer Beschirmer der deutschen Freiheit, nebst seiner durchlauchtigen Thusnelda, in einer sinnreichen Staats-, Liebes- und Helden-Geschichte dem Vaterlande zu Liebe, dem deutschen Adel aber zu Ehren und rühmlichen Nachfolge vorgestellet. Dann kommt zunächst die Widmung: an den Kurfürsten Friedrich III. von Brandenburg (den nachmaligen preußischen König Friedrich I.). „Die Tugend", lesen wir darin, „ist wohl ihr selbst Lohn und braucht keines Anstrichs; gleichwohl aber hat Homer des Achilles, andere anderer Helden Gedächtnüs bis auf unsere Zeiten erhalten müssen. Dem Arminius ist sein Vaterland diese dankbare Pflicht schuldig geblieben." Nach dieser Zuschrift kommen ein „Vorbericht an den Leser" sowie einige „Ehrengedichte", und hieraus lesen wir den zweiten Titel: Daniel Caspers von Lohenstein heldenmütige Liebes- und Lebens-Geschichte von dem teuren Freiheits-Beschirmer des bedrängten alten Deutschlandes Arminius oder Herrmann und seiner durchlauchtigen Thusnelda. Vor jedem Buche steht eine ausführliche Inhaltsangabe. Die Schilderung der Varus-Schlacht befindet sich bereits im ersten Buche des ersten Teils.

Der Anfang des Romans versetzt uns in den „Teutschburgischen Forst an der Lippe", wo die deutschen Fürsten mit ihren Heeresspitzen beim Herzog Herrmann zu Gaste sind. Wir hören mit ihnen die traurige Geschichte von der Walpurgis, Tochter des Melo, Herzogs der Sicamber und Angrivarier. Diese vornehme Jungfrau hat sich in die Sieg gestürzt, um ihre Ehre vor der Lüsternheit des Varus zu retten. Wir sehen das Leichenbegängnis der Walpurgis und nehmen dann teil an andrem Gastmahle, das der Herzog Hermann gibt. Varus erwartet, daß ihm die Fürsten gegen den sicambrischen Herzog Melo helfen. Hermann aber mahnt jetzt, die versammelten Streitkräfte gegen die Römer zu gebrauchen. Arpus, der Cattenherzog, stimmt bei und schlägt vor, Hermann zum „allgemeinen Feldherrn" zu wählen. Segesthes, der Casuarier und Eulgibiner Herzog, will nicht, daß der Friede gebrochen werde. Jubil, des Bojischen Königs Britton Sohn, spricht leidenschaftlich gegen Marbod. Schließlich wird Hermann zum Feldherrn gewählt, und geheimnisvolle Weissagungen, die man am Grabe der Walpurgis empfängt, bekräftigen den Entschluß, gegen Varus zu Felde zu ziehen.

Der Leser kann sich denken, daß die nun folgende Kriegserzählung nur eine recht entfernte Ähnlichkeit mit dem, was die eigentlichen Historiker vom Jahre 9 erzählen, aufweist.

Frei erfunden ist namentlich auch die Beschreibung des Siegesfestes. Der heimkehrende Feldherr ist noch eine halbe Meile von „Deutschburg" entfernt, — da kommt ihm eine große Menge Volks entgegen. Den Zug eröffnen die „Barden"[24] und fünfhundert edle Jungfrauen. überall Festkleider, Eichenkränze, Blumen usw. Man hört die „Krummhörner" ertönen. Ein Wechselgesang wird vorgetragen:[25]

---

[23] Der Leser, der das Ganze lesen will, muß reichlich 3.000 Seiten bewältigen.
[24] So heißen hier die altgermanischen Priester.
[25] Man wünscht sich unwillkürlich Musik von J. S. Bach dazu.

JUNGFRAUEN.

    Eilt, wünscht unsern Helden Glücke,
    Eilt, bewillkommt unser Heer,
    Das mit Palmen kommt zurücke,
    Reich von Ruhm, von Beute schwer
    Singt den Fürsten Siegeslieder,
    Die so sieghaft kommen wieder!

BARDEN.

    Die Schutzherrn ihres Volks, des Vaterlandes Väter,
    Die fürs gemeine Heil beherzt zu Felde ziehn,
    Die fremde Dienstbarkeit, Mordstifter, Erzverräter
    Bei uns mit Stumpf und Stiel zu tilgen sich bemühn,
    Die kann der Himmel nicht sieg-, hülf- und trostlos lassen
    Noch ihr unendlich Lob der Sonnen Zirkel fassen.

In fünf Strophen vergleichen die Barden die Verdienste Hermanns mit den Taten des Herakles. Die Jungfrauen singen u. a. dazwischen:

    Ja, dem Hermann ist nichts gleiche,
    Freund und Feind gestehet es:
    Er sei Schutzgott unsrer Reiche,
    Unser andre Herkules.
    Nur daß keine Säulen wissen
    Seine Taten einzuschließen.

Der Schlußgesang lautet:

    Grabt der deutschen Helden Taten
    Murmeln, Erz und Bäumen ein.
    Dies sind Ernten solcher Saaten.
    Elbe, Weser, Mosel, Rhein
    Wird nicht länger Wasser bringen,
    Als man diesen Sieg wird singen.

Nicht minder ausführlich wird die Ankunft auf dem Schlosse Deutschburg sowie die Bestattung der gefallenen Grafen und Ritter dargestellt. (Große Holzstöße werden errichtet, bei denen Gefangene geschlachtet werden und Römer und Gallier bis zu Tode fechten müssen usw.).

Die siebzehn Bücher, die hierauf noch folgen, führen den Leser in alle möglichen Gegenden. Immer neue Geschichten und Schilderungen, immer neue Gespräche und Erörterungen werden eingeschoben. Es ist, als läsen wir im Ariost. So umwirbeln uns diese phantastischen Abenteuer. Dabei breitet sich allmählich fast die ganze Weltgeschichte, fast die ganze Erdkunde, Naturkunde usw. vor uns aus. Auch Philosophie aller Art wird anmutig dazwischen gestreut.[26] Das Lob der Deutschen aber, das überall durchklingt, erfreut und erhebt uns besonders, sodaß wir schließlich kaum noch empfinden, wie altmodisch diese Schlesier des 17. Jahrhunderts sind, vielmehr immer deutlicher das Großartige des Werkes durchfühlen.

---

[26] Man kann aus diesem „Arminius" eine Menge wertvoller Weisheit sammeln. Hier nur ein Beispiel. Bei Erwähnung des Pythagoras meint der Erzähler: „Niemand war andächtiger gegen Gott als er; aber er verbot, von ihm etwas Absonderes zu bitten. Denn dies wäre so viel als Gott die Unwissenheit unser Dürftigkeit oder den Willen seiner Erbarmnüs absprechen." (I, S. 681.)

Ein halbes Jahrhundert später schrieb Johann Elias Schlegel sein Schauspiel „Hermann."[27] Ein fein entworfenes, wohlgeglättetes; Rede-Drama, in welchem die Luft Racines weht, aber auch etwas von reiner deutscher Waldesherrlichkeit vermerkbar wird. Schlegel suchte die dichterische Einbildungskraft so zu lenken, daß dabei die geschichtliche Treue möglichst bewahrt bliebe. Man rühmte es daher als einen Vorzug dieses Stückes, „daß die Erzählungen der Geschichtsschreiber, und vornehmlich des Tacitus seine, darin zum Grunde gelegt sind, und daß die Zusätze, die diese Begebenheit zu einer Tragödie ausbilden, in jene so einpassen, daß sie mehr daraus hergeleitet, als von selbst erfunden zu sein scheinen."

Der Schauplatz ist bei Schlegel ein Hain mit den Bildern des Thuiskon und Mannus.[28] Gleich im ersten Aufzug bewegt uns der Hauptkonflikt: Hermann ist durchaus vaterländisch gesinnt wie sein Vater Siegmar und seine Mutter Adelheid, Flavius dagegen — so heißt hier der ungleiche Bruder — möchte es mit den Römern halten, denn er fühlt sich zur römischen Bildung hingezogen. Auf Hermanns Seite stehen auch von vornherein die beiden Kinder Segests Thusnelde, die Braut Hermanns, und Siegmund. Diese haben sich in römischem Gewahrsam befunden; Varus gibt sie aber den Ihrigen zurück: Thusnelde kommt mit reichen Geschenken heim, und ihr Bruder Siegmund wird dadurch ausgezeichnet, daß er ein römisches Priesteramt erhält. Beide sträuben sich nun in ihrem „patriotischen Eifer" gegen den „kaltsinnigen" Vater. Varus will gegen Melo, den Fürsten der Sikambrer, zu Felde ziehen, verführt aber im übrigen mild und versöhnlich. Hermann redet im Rate der Fürsten gegen Varus. Der Fürst der Chauzier rät, Hilfe „bei der List" zu suchen. Segest pflichtet dem bei, und Hermann fügt sich, indem er zu Segest sagt:

> Wohlan! wenn nur dein Herz in deinem Rate spricht,
> So weigr' ich mich der List und der Verstellung nicht;
> Legst du nur einst den Dienst der stolzen Römer nieder,
> Und geb' ich dich dadurch dem Vaterlande wieder.

Der Widerstreit in der Brust des Flavius erregt inzwischen immer mehr unsere Teilnahme. Segest, der immer auf „Nutzen" bedacht ist, möchte den jungen Römerfreund gern zum Schwiegersohn haben. Er sagt zu Flavius:

> So Rom als Deutschland ist dein wahres Vaterland.
> Eins hat dich selbst erzeugt, eins für sein Kind erkannt.
> Ja lehre, wie du willst, das Schwert in deinen Händen;
> So wirst du es doch stets auf deine Mutter wenden.
> So bleib' denn beider Sohn, und sieh im Schoß der Ruh,
> Zwar traurig, aber still, der regen Zwietracht zu.

Schwankend zwischen dem „ersten" Vaterland und Rom, ruft Flavius aus:

> Ach! Rom und Deutschland reizt zu gleicher Dankbegier,
> Und beider Liebe kämpft, und keine siegt in mir.

Als er dann die Entscheidung in die Hand Thusneldens legt, erinnert ihn diese entrüstet an seine Pflicht als Deutscher.

---

[27] Der Dichter selbst nennt sein Stück ein Trauerspiel. Er vollendete es 1741. Zwei Jahre später erschien es im Druck, dann wieder 1761 in den „Werken", die Johann Heinrich Schlegel herausgab.
[28] Thuiskon oder Tuiskon ist der göttliche Stammvater des Germanenvolkes, Mannus sein Sohn. Die Namensformen sind verschieden. In der „Germania" des Tacitus liest man gewöhnlich: Celebrant carminibus antiquis Tuisconem deum terra editum et filium Mannum originem gentis conditoresque. Die Handschriften bieten aber auch die Schreibart Tuistonem.

Noch im dritten Akt erfolgt der Auszug zur Schlacht. Die Fürsten — ohne Segest — ermutigen sich gegenseitig. Siegmar und Hermann feuern die Ihrigen an:

>FÜRST DER CHAUZIER.
>*(Betend.)*
>Ihr Götter, rettet uns!
>
>FÜRST DER CATTEN.
>*(Ebenso.)*
>Ihr Götter, führt den Streit!
>
>ADELHEID.
>Laß uns mit ihnen gehn.
>
>THUSNELDE.
>Hier bin ich, Adelheid.
>
>HERMANN.
>Eilt, und erobert euch der Väter alte Rechte,
>Und itzt umarmet mich zum letztenmal als Knechte.

Im vierten Akt harren Adelheid und Thusnelda auf den Ausgang des Kampfes. Da ungünstige Nachrichten gebracht werden, verlassen die beiden Frauen den Hain und eilen nach dem Schlachtfeld. Im fünften Akt erfahren wir, wie sich Siegmund in der Schlacht hervorgetan hat. Ihm verdankt man zum großen Teile den endlichen Erfolg. Der alte Siegmar hat auf der Walstatt den Heldentod gefunden. Segest und Flavius werden des Verrates angeklagt. Segest verteidigt sich:

>Glaubt: Bosheit und Verrat blickt nicht aus meinen Taten;
>Nur Vorsicht blickt daraus, die euch zum Wohl geraten.
>Ich, der euch widersprach und euch zum Frieden riet,
>Riet, wie man raten soll, wenn man aufs Ende sieht.

Flavius bereut, daß er sich der guten Suche entzogen habe, und will sterben. Indem kommt Hermann aus der Schlacht zurück. Die Waffen des Varus und zwei eroberte Adler werden ihm nachgetragen. Er beklagt den Tod des Vaters. Segest und Flavius werden von ihm begnadigt. Siegmund bringt die gerettete Schwester Thusnelde, deren Tod fälschlich angenommen worden war. Darauf schließt das Stück mit Ermahnungen, die hauptsächlich an Segest gerichtet werden, und mit Dankesworten gegen die Götter und gegen das tapfere Kriegsvolk.

Mächtig mußte dann die neue, freie, „genialische" Art wirken, mit der Klopstock den erhabenen Gegenstand in Angriff nahm. In drei eigentümlichen, mit Chören ausgestatteten Schauspielen — sogenannten Bardieten — stellte der große Sänger der Religion, der Vaterlandsliebe und der Freundschaft nach und nach das ganze Heldentum des Arminius dar. Im Jahre 1767 wurde „Hermanns Schlacht" („ein Bardiet für die Schaubühne") vollendet; 1784 folgte „Hermann und die Fürsten" und 1787 „Hermanns Tod". Jedes Bardiet hat nur einen Aufzug. Doch ist die Szenenreihe nicht klein: beim ersten Stück sind es 14, beim zweiten 16, beim dritten 23 Auftritte.

Im erstgenannten Stücke ist der Schauplatz „auf einem Felsen an dem Tale, in welchem die Schlacht entschieden wird." Der Dichter denkt dabei nicht gerade an Detmold oder Osnabrück. Ihm schwebt seine eigne Heimat vor: der Harz, wo am Ausgange des Bodetales der Felsengipfel der Roßtrappe grüßt. Es ist bereits der dritte Tag der Schlacht. Siegmar, der Vater Hermanns, ersteigt mit seinem Kriegsgefährten Horst die Höhe, überschaut das Tal und läßt dann dir heiligen Priester und Sänger auf den Felsen heraufkommen. Oben angelangt, bringen die Druiden dem Wodan ein Opfer dar. Herrlich tönt von heiliger Stätte der allgemeine Gesang:

> O Wodan, der im nächtlichen Hain
> Die weißen siegverkündenden Rosse lenkt,
> Heb hoch mit den Wurzeln und den Wipfeln den tausendjährigen Eichenschild,
> Erschüttr' ihn, daß fürchterlich sein Klang dem Eroberer sei.

Man erwartet das Anrücken der römischen Kohorten Siegmar begibt sich, als er hört, daß der Feind naht, auf die Walstatt hinunter. Dann treten nacheinander Segest, Thusnelda und Siegmund auf. Brenno, der Oberdruide, schilt den Segest. Thusnelda wird durch die Nachricht, daß Hermann verwundet sei, erschüttert. Siegmund will am Kampfe teilnehmen. In der siebenten Szene wird Siegmar, tödlich verwundet, herausgebracht. Der heldenmütige Alte will am Altare Wodans sterben. Er bittet die Barden, „das Lied derer zu singen, die ihr Vaterland mehr als ihr Leben liebten". Und wir hören die ergreifende Weise:

> O Vaterland! o Vaterland!
> Mehr als Mutter, und Weib, und Braut!
> Mehr als ein blühender Sohn
> Mit seinen ersten Waffen!

Und dann in drei Chören:

> O du, der starb für daß Vaterland!
> Dir bringt in dem kühlsten der Haine Walhallas
> Dir, der wieder Jüngling ward,
> Die ersten Waffen Thuiskon!

Ein Druide verkündet, daß die Römer überall fliehen. Bald bestätigt sich das. Ein Hauptmann, von Hermann selbst abgeschickt, tritt auf und meldet: die Schlacht sei entschieden. Siegmar hört die Freudenbotschaft noch, bevor er stirbt. „Ich weiß nicht", spricht er, „ist es die Freude oder die Wunde, das; ich schon jetzt sterbe? Deine Hand, deine Hand, Brenno! Ich fühle den Tod, Brenno! Nun bis zum Wiedersehen! Laß meinen Sohn Hermann erst das Siegsmahl halten, eh du ihm meinen Tod ..." *(Er stirbt.)*

> BRENNO.
> *(Nach langem Stillschweigen.)*
> Nein, nein!... Denn du hast recht, Siegmar,
> du bist an dem schönsten Tage deines Lebens gestorben.
> Nein, ich will nicht weinen. Bleib, Hauptmann!
> Du sollst es seinem Sohne nicht sagen.
> Keiner soll es seinem Sohne sagen.

In der neunten Szene erblicken wir Flavius, den verräterischen Bruder Hermanns. Er ist gefangen genommen worden, und es muß über ihn Gericht gehalten werden. Auch erfahren wir inzwischen den Tod des Varus. In der elften Szene kommt endlich Hermann selbst. Thusnelda eilt mit ausgebreiteten Armen auf ihn zu, umarmt ihn, fällt dann vor ihm nieder und hält seine Hand und seine Lanze. Der siegreiche Held ist mit seinen Gedanken zunächst noch ganz bei der Schlacht und ihren Schrecken.[29] Allmählich gelangt aber immer mehr der Jubel zum Ausdruck. Es werden Blumen gestreut. Die erbeuteten Adler werden betrachtet. Siegesgesang steigt zu Wodan empor:

> Geschlagen ist die blutige Todesschlacht!
> Erkämpft der Sieg!

Spannend ist die Beratung über die Gefangenen. Siegmars Ende kann nicht verheimlicht bleiben, und die Witwe des Gefallenen — der Dichter nennt sie Bercennis — verlangt, das; die gefangenen Römer zu Siegmars Leichenfeier geschlachtet werden. Hermann läßt das; jedoch nicht zu. Sein Edelsinn erhebt sich über die Rückständigkeit der Sitte, und deshalb erklärt er der Mutter: „Ich zücke das Schwert gegen waffenlose Krieger nicht."

> BERCENNIS.
> Siegmar! — Ach, er ist tot! — Siegmar,
> dein Sohn will dein Blut nicht rächen!
>
> HERMANN.
> Ich will es rächen, aber an den neuen Legionen!

So gewinnt der Dichter einen wirkungsvollen Schluß. Hermann wiederholt, daß er den Tod Siegmars „an den neuen Legionen" rächen werde. Es ist ein feierlicher Schwur. Die Umstehenden schwören mit. Werdomar, der Führer des Bardenchors, kündet den Racheschwur den Kriegern im Tale. Alle halten hierauf daß Schwert in die Höhe, und noch einmal ertönt aus dem Munde der Barden der Gesang:

> Wodan! unbeleidigt von uns,
> Fielen sie bei deinen Altären uns an!
> Wodan! unbeleidigt von uns,
> Erhoben sie ihr Beil gegen dein freies Volk!

Klopstock hoffte, daß diese seine „Hermannsschlacht" in Wien aufgeführt werden würde. Er eignete das Werk dem Kaiser Josef II. zu und freute sich, als er hörte, daß sein Wiener Verehrer, der fortschrittlich gesinnte, neue Bahnen betretende Tonmeister Christoph Wilibald Gluck, mit der Komposition der Gesänge zur „Hermannsschlacht" beschäftigt sei. Aber die Erwartungen, die sich damals regten, waren vergeblich. Die Wiener Pläne kamen nicht zur Reife, und so blieb auch Glucks Musik zur „Hermannsschlacht" unvollendet. Keine Note davon hat sich erhalten.

In dem Schauspiel „Hermann und die Fürsten" handelt es sich um die Kämpfe gegen Cäcina, den Legaten des Germanikus. Wir befinden uns auf einem Hügel, an dem das Heer der Germanen lagert. Die Römer lagern nicht weit davon. Die verbündeten Fürsten wollen das feindliche Lager erstürmen. Hermann ist dafür, daß die Römer wieder zu einer „Waldschlacht" verlockt werden. Aber die Fürsten lassen sich nicht umstimmen. Wir fühlen Hermanns Schmerz, daß die Gelegenheit, einen großen Erfolg zu erringen, schwindet. Cäcina siegt. Aber Brenno, der Oberdruide der Cherusker, hat das letzte Wort: „Römerjüngling," ruft er aus, „sag es Cäcina und Germanikus: Besiegen könnt ihr uns, aber nie sollt ihr Deutschland erobern!"

---

[29] Die Schilderung ist nicht dieselbe wie in der Ode „Hermann und Thusnelda", die Klopstock bereits 1752 gedichtet hatte.

In dem Schauspiel „Hermanns Tod" endlich wird geschildert, wie Hermann in seiner Burg von feindlichen Fürsten belagert wird. Der Held ist verwundet und wird von Horst gepflegt. Ein großes Ziel schwebt vor seiner Seele: die Deutschen — so wünscht er — sollen einen großen gemeinsamen Zug über die Alpen unternehmen und auf die feindliche Hauptstadt losgehn. Allvater lenkt es aber anders. Die trübe Stimmung erhellt sich, da Thusnelda aus der römischen Gefangenschaft zurückgebracht wird und den Gatten wiedersieht. Auch Hermanns Sohn — Theude genannt — ist beim Vater. Die Halle wird schließlich erstürmt, und Hermann stirbt im Kampfe. Wenige Augenblicke darauf findet auch Thusnelda den Tod.[30]

Kleist hat seine Vorgänger in der Verherrlichung des Arminius wenig benutzt. Daß die Germanenfürsten sich über die politische Lage beraten, daß die brutale Entehrung einer germanischen Jungfrau durch die übermütigen Fremden das Volk zur Wut hinreißt, daß die „Barden" auftreten und zum Kampf ermutigen, das sind Züge, die den Dichter fast unwillkürlich zur Verwendung reizen mußten. Und daß mehrere Personennamen mit denen übereinstimmen, die Klopstock und andre aufgebracht hatten, ist unwesentlich. So wird z. B. Hermann ein paarmal „Sohn Siegmars" genannt. (Es geschieht dies im letzten Vers des ersten Aufzugs. Eine andre Stelle ist im fünften Aufzug, wo Hermann seinem Heere eröffnet, daß es gegen Varus geht, nicht gegen Marbod. Die Krieger rufen daselbst begeistert: Heil, Hermann, Heil dir! Heil, Sohn Siegmars, dir!) Desgleichen kommt am Schluß des ersten Aufzugs der Name Horst vor. (Hermann ruft in die Szene: Horst! die Pferde!)

Dreißig Jahre nach der Entstehung des Kleistschen Werkes wurde wieder eine „Hermannsschlacht" veröffentlicht: das nachgelassene Drama von Christian Dietrich Grabbe. Der Detmolder war mit Lokalpatriotismus an die Arbeit gegangen. Das Landschaftliche ist bei ihm ganz echt, und seine Cherusker sprechen wie das heutige Volk von Westfalen. Der Aufbau ist eigenartig: sieben einleitende Szenen, in denen u. a. eine Gerichtsverhandlung im Bruch bei Detmold und ein Mittagessen in Hermanns Wohnung geschildert wird, dann folgen die drei Schlachttage und die drei zugehörigen Nächte, als wäre es Historie oder Roman. Alles ist groß gedacht. Aber die Ausarbeitung ist so, daß man an das bekannte Wort denken muß: Vom Erhabenen zum Lächerlichen ist nur ein Schritt. Die übermäßig knappe Sprache macht den Eindruck des Nachlässigen; oft wirkt sie geradezu burlesk. Hier nur ein paar Proben. In der zweiten Szene sitzt Thusnelda wie eine Großbäuerin beim Essen.

VARUS.

(Eintretend.)
Gruß Fürstin.

THUSNELDA.
Dank Prokonsul. Nimm Platz.

VARUS.
Unter dem Gesinde?

THUSNELDA.
Sitz' ich nicht auch darunter? Mein Gesinde ehrt mich,
ich ehr' es wieder. So gleichen Herren und Diener sich aus.

---
[30] Muncker bespricht in seinem „Klopstock" die Bardiete S. 388 ff., 396 ff. und 495 ff.

VARUS.
Ländlich, sittlich, doch italisch ist's nicht.
(Er setzt sich.)

THUSNELDA.
Speise mit: Linsen, Erbsen und Wildschweinsbraten.

In der nächsten Szene sehen wir allerlei Volk vor dem Richterstuhle eines Prätors.

PRÄTOR.
Eröffne die Sitzung.

SCHREIBER.
(Liest in seinem Album und ruft dann:)
Erneste Klapp contra Kater major.

PRÄTOR.
(Sieht auch ins Album.)
Katermeier heißt der Mann.

SCHREIBER.
Tut nichts, Herr. Es kommt bei dem Volk wenig auf den Namen an.
Es ist doch Vieh. Scheren wir es so viel wie möglich über einen
Kamm

Am ersten Schlachttage erscheint Thusnelda in einem Wagen, dessen braune Renner sie selbst lenkt, auf einer Höhe.

DAS DEUTSCHE HEER.
(Sich umblickend.)

Eine Walkyre über uns!

HERMANN.
Viel Besseres: mein Weib, bei mir in der Stunde der Gefahr! —
Und fürchtest du dich nicht vor den römischen Geschossen?

THUSNELDA.
Du bist ja mit mir unter ihnen. —
Ich bring' euch Speis! und Trank und zwanzig tausend Mann. —
Zu Haus ist alles, ungeachtet meiner Abwesenheit, in Ordnung

In der dritte Nacht kommt es zu folgendem Auftritt:

HERMANN
(Zu Varus.)
Ergib dich! Du sollst gut behandelt werden.

VARUS.
Danke! Ich behandle mich lieber selbst.
(Er stürzt sich in sein Schwert und stirbt.)

HERMANN.
Noch im Tod ein Phrasenmacher.
Lassen wir ihn liegen für unsre Geier und Raben.

(Ingomar, die Harzer, Ravensberger, Chatten u. a. m.
ersteigen das Winfeld.)
Gebt mir die Händel — sie sind tot, die Unterdrücker;
unsre Freiheit aber erhebt sich riesengroß über diese Berge
und schaut freudetrunknen Blicks weithin auf künftige Zeiten
und Enkel!
Nie wird man uns und diesen Tag vergessen,
so lang noch etwas von deutscher Sprache klingt ...

Als Grabbes Schauspiel gedruckt wurde, nahm bereits der Künstler in Detmold Wohnung, der dem aufstrebenden Vaterlande die schönste Darstellung des heldenmütigen Cheruskers geben sollte: Ernst von Bandel. Am 16. August 1875 wurde das Nationaldenkmal auf der Grotenburg, die Schöpfung dieses edlen Meisters, enthüllt.

5. Das Werk in seinen einzelnen Teilen.

Erster Aufzug. Der Dichter führt uns zunächst die ungemeinen Schwierigkeiten vor, mit denen Hermann bei seinem Rettungsplane zu rechnen hat. Die Nachbarfürsten sind zu selbstsüchtig, um die Aufgabe der Zeit zu begreifen. Es fehlt die zur Abwehr des fremden Wesens nötige Eintracht. Es fehlt die außergewöhnliche Opferwilligkeit, die bewiesen werden müßte, um den Niedergang des Germanentums aufzuhalten. Die Lage ist so peinlich, daß Hermann gar nicht offen darüber reden kann, sondern sich sozusagen diplomatisch ausdrücken muß. Römisches Militär soll ins Cheruskerland einrücken, wie es bereits im Gebiete des Thuiskomar — so wird der Fürst der Sikambrier genannt — geschehen ist.[31] Wir ahnen aber, daß Hermann doch noch nicht an der Zukunft der Nation verzweifelt, sondern im Geheimen Großes vorbereitet.

Erster Auftritt. Mehrere germanische Fürsten weilen als Jagdgäste Hermanns in der Umgegend von Teutoburg.[32] Sie sprechen sich über die Not der Zeit aus, möchten sich zum Kriege gegen Rom verbünden und wundern sich über Hermanns anscheinende Teilnahmslosigkeit und Gleichgültigkeit. Wolf, der Fürst der Catten, leidet sehr unter der Vorstellung, daß Rom schon so viele freie Völker überwältigt hat und dennoch nicht immer mehr überwältigen wird. Er äußert seinen Unmut gleich zu Anfang durch eine außerordentlich heftige Gebärde.[33] Er vergleicht Rom mit einem Riesen, der ganze Massen von Land unter seinen Beinen hat. So ist ohne weiteres die feindliche Übermacht gekennzeichnet, durch die sich die Germanen gefährdet glauben müssen, und wir werden sofort in die Grundstimmung versetzt. Die mißvergnügten Worte:

Rom, dieser Riese, der, daß Mittelmeer beschreitend,
Gleich dem Koloß von Rhodus, trotzig
Den Fuß auf Ost und Westen setzet, —

---

[31] Die Cherusker selbst haben wir uns an der Weser zu denken, teils im Berglande, teils in der Tiefebene. Die Chatten (Katten) sind ihre Nachbarn nach Süden zu. Die Marsen und Brukterer denken wir uns westlich von den Cheruskern, an der Lippe. Die Sugambrer — bei Kleist Sikambrier — südwestlich, zwischen Ruhr und Sieg, also zunächst im Sauerlande. Die Friesen und Chauken sind Küstenbewohner.
[32] Der Name ist erfunden. Auch die Bezeichnung Teutoburger Wald ist nur aufgekommen, weil Tacitus gelegentlich angibt: haud procul Teutoburgiensi saltu (Anm. 1, 60). Kleist denkt sich übrigens die Plätze der Cherusker nach späterer Art mit Toren, Gassen usw.
[33] Thuskar und Thuiskar sind Abkürzungen von Thuiskomar. (Umgekehrt wird statt Luitgar gelegentlich — 2, 9 z. B. — die vollere Form Luitogar gebraucht.)

erinnern an das, was Shakespeare den übelgelaunten Kassius, im Hinblick auf Cäsar, sagen läßt:

> Ja, er beschreitet, Freund, die enge Welt
> Wie ein Kolossus,[34] und wir kleinen Leute,
> Wir wandeln unter seinen Riesenbeinen
> Und schaun umher nach einem schnöden Grab.

Klagen können also diese Fürsten.[35] Aber sie kommen damit nicht weiter. Zwei sehen wir sogar in gegenseitigem kleinlichem Hader befangen: Dagobert, den Marsen, und Selgar, den Brukterer. Rom weiß das und hat bereits dem Marsen ein verlockendes Anerbieten gemacht, um ihn der allgemeinen vaterländischen Sache zu entziehen.[36] Wie sehr ist da der schmerzliche Aufruf am Platze:

> Es bricht der Wolf, o Deutschland,
> In deine Hürde ein, und deine Hirten streiten
> Um eine Handvoll Wolle sich.

Zweiter Auftritt. Hermann und Thusnelda kommen mit römischen Gästen hinzu. Das Paar ist bereits seit einer Reihe von Jahren vermählt. Wir wissen auch, daß sie zwei Kinder haben. Aber der Dichter hält sich nicht damit auf, ein „Ehe-Ideal" zu zeigen. Vielmehr läßt das Gespräch zwischen Thusnelda, dem Legaten Ventidius und dem Geheimschreiber Scäpio erkennen, wie „galant" der Ton — mitten im Germanenlande — geworden ist.[37] Ob sich die Fürstin wirklich so geschmeichelt fühlt, wenn ihr die fremden Süßlinge den Hof machen? Ob sie ihnen bloß etwas vortäuscht? Jedenfalls läßt Hermann keinerlei Eifersucht merken. Der Cattenfürst und seine Begleiter sind nicht sehr erbaut davon, das gekünstelte Gerede mit an-

---

[34] He doth bestride the narrow World er überspannt die enge Welt, mit ausgespreizten Beinen. Shakespeare und Kleist richten sich nach der Erzählung, daß die Schiffe unter den Beinen der überlebensgroßen Bildsäule hindurchgefahren seien. (Das Wunderwerk des dritten Jahrhunderts v. Chr. war nach verhältnismäßig kurzem Bestehen durch ein Erdbeben wieder zerstört worden.)

[35] Das Verhältnis zu den Parthern an der Ostgrenze des Reiches hatte Augustus zuletzt im Jahre 20 v. Chr. geordnet. — Die tapfern Nervier, die in den Niederlanden wohnten und in Cäsars gallischen Kämpfen bedeutend hervortreten, rechnet Kleist kurzerhand zu den Germanen. — Der Schilderung, wie die Germanen auf die Ure oder Auerochsen Jagd machten, widmet Cäsar im bellum Gallicum ein besonderes Kapitel (6,28).

[36] Von dem Suevenkönig Ariovist, den Cäsar im Jahre 58 v. Chr. bekämpfte und besiegte, wird in unserm Schauspiele geredet, als wäre er ein Zeitgenosse Hermanns. Die Narisker waren ein Stamm der Sueven. (Sie heißen bei den Historikern Naristi oder Varisti.) — Hübsch ist, wie unser Dichter den Rhythmus mit dem Fremdnamen August spielen läßt: die Silbe gust gerät bald in die Hebung, bald in die Senkung. So sagt z. B. Thuiskomar:

> Wenn ich dem Fürsten mich der Friesen nicht verbände,
> So solle dem August mein Erbland heilig sein.

Selgar dagegen:

> Eh´ will an August's Heere ich Mein ganzes Reich mit Haus und Hof verlieren!

(Oft wird auch die volle Form Augustus gebraucht.) — Weniger empfehlenswert ist die ins Sprachwidrige gehende Wortfolge:

> Augustus trägt, Roms Kaiser, mir u.s.w.

oder:

> Doch der hier, Selgar, soll, der Fürst der Brukterer usw.

[37] Das Wort Scheitel gebraucht Kleist auch als Femininum. Ebenso das Wort Forst. Im älteren Deutsch heißt es diu scheitele und diu forste. (In Vers 88 kann die Form Scheitel auch Mehrzahl sein.) — Genetivbildungen wie „des — Homers", „des Augusts", waren im 18. Jahrhundert noch durchaus gebräuchlich. — Die Insel Paros (im Ägäischen Meere) war wegen ihres weißen Marmors berühmt.

hören zu müssen. Sie werfen ein paar Geradheiten dazwischen.[38] Aber Hermann sorgt dafür, daß die Unterhaltung bleibt, wie sie war.[39] Bevor dann Ventidius abfährt, bittet dieser den Cheruskerfürsten amtlich, ihm eine Audienz zu gewähren. Wir fühlen: Rom will wieder einen Schritt vorwärts tun, und Hermann soll sich diesem Wunsche fügen.

Dritter Auftritt. Hermann setzt sich mit seinen deutschen Gästen zu einem Trunke nieder. Das Gespräch wendet sich sogleich wieder den ernsten, politischen Dingen zu.[40] Diesmal aber gewinnt alles eine höhere Bedeutung. Die Sorge, die den ersten Auftritt durchzog, äußert sich jetzt in viel vollerer Weise. Denn nun stellt sich die nationale Not so dar, wie sie ein wirklich überlegener Geist ansieht. Hermann beurteilt die Lage ungleich gründlicher, als es seine Nachbarn tun. Die einzelnen Verluste, die Thuiskomar und die andren Mißvergnügten zur Sprache bringen, berühren ihn schon gar nicht mehr. So klein erscheint ihm das. Er meint: man müsse darauf gefaßt sein, noch viel mehr zu verlieren,[41] Heldenmut, wie ihn Hermann versteht, erwächst nur aus tiefer Einsicht in die ganze Größe des Leids. Für große Hoffnungen verbleibt dann trotzdem Raum. Diese Hoffnungen erstrecken sich dann eben in größere Weiten und Fernen, und man muß schon etwas Philosoph sein, um so auf die Zukunft zu bauen. Hermann glaubt, daß die Germanen von der Vorsehung zu großen Dingen bestimmt seien. Er betrachtet daß vom erhabensten Gesichtspunkte, wie etwa Libussa im letzten Aufzuge des Grillparzerschen Schauspiels die Weltgeschichte an ihrem geistigen Auge vorüberziehen läßt.

WOLF.
Es scheint, du hältst dies Volk des fruchtumblühten Latiens
Für ein Geschlecht von höhrer Art,
Bestimmt, uns roh're Kauze zu beherrschen?

---

[38] „Wenn sie im Walde stand —." Thuiskomar meint: Dann war es ja gar nicht so gefährlich. — Bei den Worten „Pinien und Eichen" kann man daran denken, daß diese Bäume verschiednen Ländern angehören: weder bei euch im Süden noch bei uns im Norden klettern die Auerochsen auf die Bäume.
[39] „Holla! Die Pferd'!" Solche Elisionen sind ungemein zu billigen. Anders steht es mit den Formen „buntfarb'gen", „glänz'ge", „gift'ge", „ew'gen" usw. — Von Achills wunderbaren Rossen, Xanthos und Balios („Falbe" und „Schecke"), erzählt Homer.
[40] Kleist gebrauchte die Ländernamen Sikambrien, Nervien, Suevien, Ubien, Äduen, wie man Italien, Gallien, Spanien usw. sagt. — „Sieh, Holm, der Friesen wackern Fürsten, ... gab ich der Rach' ihn des Augustus preis." Diese Lockerung des Satzbaues wirkt oft ganz gut. Vgl. unten: „Marbod, der herrschensgierige Suevenfürst, ... am Weserstrom, im Osten deiner Staaten, mit einem Heere steht er da."
[41] Die römische Legion zerfiel in zehn Kohorten. — Der Name Cheruska ist frei erfunden. Bei den Worten „im Land Cheruskas" kann man auch an eine Cheruska als Schutzgöttin des Landes denken. — „Läuft nun mein Vorteil ziemlich mit dem Varus". Die regelmäßige Ausdrucksweise würde sein: „mit dem des Varus." — „Man kann nicht sagen, daß hoch Arminius das Ziel sich stecket," Der Dichter verschmäht es nicht, gelegentlich auch einmal die geschichtlich überlieferte Namensform Arminius zu bringen. Man glaubte früher, daß die Formen Arminius und Hermann mit einander verwandt seien, nämlich jene weiter nichts sei als die Latinisierung von Hermann. Genaueres über den Namen, den die Römer unserm Helden gegeben haben, steht nicht fest. — Alraunen (oder Alrunen) waren weise Frauen. Tacitus erwähnt die Prophetin Beleda und fügt in der „Germania" (Kap. 8) hinzu: Sed et olim Albrunam et complures alias venerati sunt, non adulatione, nec tanquam facerent deas. Das Feuerfarbige wurde später vielfach auf die Hexen übertragen, sodaß man z. B. statt rothaarig gelegentlich sagte: malefizblond (malefica Hexe). — Die Schwurformeln sind in unserm Stücke recht mannigfaltig. Im zweiten Auftritte hatte Hermann sogar gesagt: „Beim Jupiter!" (Da hatte er sich gerade in römischer Umwelt befunden.) — „Manchen kenn' ich besser, als er in diesem Augenblick sich zeigt". D. h. ich will nicht ungerecht gegen euch sein. (Nur leider: eure guten Seiten kommen jetzt nicht in Betracht.)

HERMANN.

Hm! In gewissem Sinne sag' ich: ja.
Ich glaub, der Deutsch' erfreut sich einer größern
Anlage; der Italier doch hat seine mindre
In diesem Augenblicke mehr entwickelt.[42]

Die Resignation, die Hermann dabei predigt, ist nicht als Schwäche aufzufassen. Der Held drückt nur, den Gästen gegenüber, seine Gefühle überspannt aus.[43] Er will mit seinen Angelegenheiten allein fertig werden. Die Nachbarn sollen sich gar nicht erst um ihn kümmern. Das heißt sie scheinen ihm nicht die rechten Leute für die außerordentlichen Aufgaben der Zeit. Er gibt ihnen daher zu verstehen: Gründet meinetwegen euern Bund! Errichtet eure Conféderation germanique! Ihr werdet damit nicht viel erreichen.

Im Grunde genommen ist die ganze Szene eine Veranschaulichung, wie schwer der Idealist mit den Durchschnittsmenschen übereinkommt. Hermann kann sich nicht verständlich machen. Er überspannt alles. Er redet fortwährend in Rätseln. Schritt für Schritt vor dem Feinde zurückweichen und dabei bis nach Rom gelangen — wer versteht das?[44] Hermann will aber auch gar nicht bis zu Ende verstanden werden. Er will nur andeuten, daß die idealen Güter, die es zu erhalten oder zu erringen gilt, außergewöhnlichen Opfermut verlangen:

> Kurz, wollt ihr, wie ich schon einmal euch sagte,
> Zusammenraffen Weib und Kind
> Und auf der Weser rechtes Ufer bringen.
> Geschirre, goldn' und silberne, die ihr
> Besitzet, schmelzen, Perlen und Juwelen
> Verkaufen oder sie verpfänden,
> Verheeren eure Fluren, eure Herden
> Erschlagen, eure Plätze niederbrennen,
> So bin ich euer Mann.[45]

Den Angeredeten ist das zuviel, und das Gespräch wird infolgedessen tumultuarisch abgebrochen.

Zweiter Aufzug. Wir erfahren, daß Hermann sich mit dem Suevenfürsten Marbod verbünden will. Es ist also nichts mit einem vielgliederigen Fürstenbunde, bei dem sich die Teilnehmer immer nur schwach und uneinig zeigen würden. Vielmehr wird gegen die dro-

---

[42] Hertha ist die „Mutter Erde", die Tacitus in der „Germania" (Kap. 40) Nerthus nennt und von der er sagt: eam intervenire rebus humanis, invehi populis arbitrantur. Est in insula Oceani castum nemus dicatumque in eo vehiculum, veste contectum. Etc. — Der Morgenstern ist eine Keule, die mit eisernen Stacheln besetzt ist. — Daß man früher die alten, deutschen Sänger Barden nannte, geht zurück auf die Mitteilung in der „Germania" des Tacitus (Kap. 3): sunt illis haec quoque carmina, quorum relatu, quem barditum vocant, accendunt animos etc. — Statt Latier ist sonst die Form Latiner oder Lateiner gebräuchlich. Noch immer bezeichnen sich die romanischen Völker gern als die lateinische Rasse.

[43] Der indische Fürst Porus wurde zwar von Alexander d. Gr. besiegt, erhielt aber seine Herrschaft zurück und behauptete sich darin. — Mana ist der Mannus, den Tacitus als Sohn des Tuisko bezeichnet. — „Gleich einem dürren Walde". Genauer: gleich wie in einem dürren Walde.

[44] „Eine goldne Brücke." Man baut dem Feinde eine solche, um ihm den Rückzug zu erleichtern. Hermann will also so kämpfen, daß er sich dabei ungehindert zurückziehen kann. — „Im Schatten einer Wodanseiche." Noch bekannter sind die Donar-Eichen.

[45] Diese Gesinnung sollte sich in den Jahren 1812 und 1813 allgemeiner betätigen. — Schon 1805, als Preußens Neutralität von den Franzosen verletzt worden war, hatte Kleist gemeint: der König hätte die Stände einberufen und ihnen die Frage vorlegen sollen, ob sie länger von einem König regiert sein wollten, den man in dieser Weise mißhandle. „Würde nicht etwas von Nationalgeist bei ihnen erregt haben, wenn der König alle seine goldenen und silbernen Geschirre prägen lassen, seine Kammerherren und Pferde abgeschafft hätte, seine ganze Familie ihm darin gefolgt wäre und er nach diesem Beispiel gefragt hätte, was die Nation zu tun willens sei?"

hende Übermacht des Mittelmeer-Reiches die zielbewußte Alliance zweier „Großstaaten" aufgerichtet. Der jüngere Staat ordnet sich dabei neidlos dem älteren unter. Preußen vertraut auf den Edelmut Österreichs. Um im Bilde zu bleiben: der Cherusker überläßt dem sonst so unbequemen Sueven die führende Stellung in den großen germanischen Angelegenheiten und unterdrückt die Mißstimmung, die sich gegen den Rivalen und sein Glück — Austria felix — regen will. Marbod ist eben älter als Armin, und ein gewisses Vorrecht läßt sich ihm nicht absprechen.

Zunächst ist diese Alliance geheim. Hermann täuscht den römischen Abgesandten, indem er sich bereit erklärt, vereint mit den Römern gegen Marbod zu Felde zu ziehen und zu diesem Zwecke das Cheruskerland den Truppen des Varus zu öffnen.

Erster Auftritt. Ventidius übermittelt den Wunsch des Augustus, das; Hermann die Legionen des Varus bei sich aufnehmen möge. Dafür wird dem Cherusker versprochen, er solle die Oberherrschaft über die deutschen Stämme erhalten. Rom will ihn auf diese Weise ködern. Hermann stellt sich, als locke das verheißene Ziel seinen Ehrgeiz und erwecke die Macht Marbods seinen Neid. Die Führung des Gespräches ist meisterhaft, und der Hörer wird dadurch sehr gefesselt. (Ebenso nachher im zehnten Auftritt.) Wie überzeugend klingt es z. B., wenn Hermann — nicht ohne innere Wärme — von dem „sanftren Ziele" spricht, das ihm vom Schicksale bestimmt sei:

> Dem Weib, das mir vermählt, der Gatte,
> Ein Vater meinen süßen Kindern
> Und meinem Volk ein guter Fürst zu sein.

Ein Ziel, wie sich's der Preußenkönig Friedrich Wilhelm III. — vor dem Jahre 1806 — erträumt haben mochte.[46]

Dritter Auftritt. Das Prachtgezelt, in welchem der Akt spielt, ist durch Vorhänge in einzelne Gemächer abgeteilt. Thusnelda kommt aus ihrem Zimmer, um dem Legaten, der ihr lästig fällt, auszuweichen. Ventidius kommt ihr aber nach. Die schöne Fürstin ist etwas leichtgläubig: sie nimmt an, der junge Fremde liebe sie wirklich. Der Gatte ist sich jedoch darüber klar, daß hinter den gedrechselten Huldigungen des Ventidius schlechterdings keine Liebe steckt. Er wünscht, daß Ventidius den Eindruck bekomme, als sei das ganze Haus Hermanns den Römern zugetan.[47]

Fünfter Auftritt. Ventidius erbittet sich von Thusnelden als Zeichen ihrer Gunst — eine Locke. Thusnelda empfindet, daß der Gast die Grenzen überschreitet, die er seinen Gefühlen auferlegen müßte. Sie weist ihn in seine Schranken zurück.[48]

---

[46] „Von den Riesenbergen niederrollend": vom Riesengebirge. Vgl.1, 175. — „Daß mir das Schicksal hier nicht günstig wäre": auf dem Schlachtfelde, in kriegerischen Unternehmungen. — „Glaub' nicht, was Meuterei hier ausgesprengt": was böswillige, gehässige Leute ausgesprengt haben. — Die Uraniden sind die Götter, als Kinder des Uranos. — Der Zirke (oder Zirkel) bedeutet hier natürlich nicht den goldnen Fürstenreif, den z. B. Walther von der Vogelweide (9, 13) erwähnt, sondern den Zirkus als Kampfspielplatz.

[47] „Beim Styx". Der Name dieses Gewässers der Unterwelt wird vielfach als Maskulinum gebraucht, in Abweichung von den antiken Schriftstellern. — Brage, der Gott der Sangeskunst, und Freia, die Göttin der Liebe, sind hauptsächlich aus der Edda bekannt. Statt Braga erwartet man die ursprüngliche Form Bragi. — „Die römische Tarantel hat — ". Man ergänze etwa: dich gebissen, dich betört. (Das Volk glaubte früher, wenn jemand von dieser Spinne gebissen würde, verfiele er in Raserei) — „Er wähnt ja auch ... daß wir den Wahn der Tat ihm danken." D. h. Ventidius weiß recht gut, daß du gar nicht in Gefahr warst; aber er bildet sich ein, daß wir ihm für seine vermeintliche Rettungstat dankbar sind. (Das „auch" ist ironisch: „Angenommen, daß Ventidius sich in dem Wahne befindet, so kommt hinzu, daß er uns auch für dankbar hält.")

[48] In der Anrede „Abgott meiner Seelen" ist Seelen Einzahl. Das Wort ist da schwach dekliniert. Vgl. 1, 265: auf Erden. — Das „Gigantenjahr des Platon" ist ein Zeitraum von 10.000 Jahren, nach dessen Verlauf die Planeten

143

Siebenter Auftritt. Ventidius stiehlt sich jetzt die Locke, die ihm erst verweigert worden war. Dieser Lockenraub ist ihm aber nur — ein „Geschäft", das er für die Kaiserin Livia übernommen hat. Das Lied, das die Fürstin zur Laute singt:

> Ein Knabe sah den Mondenschein
> In eines Teiches Becken;
> Er faßte mit der Hand hinein,
> Den Schimmer einzustecken usw.

nimmt unwillkürlich Bezug auf strafbare Aneignungsgelüste.[49]

Achter Auftritt. Hermann und Thusnelda sprechen sich wegen der Dreistigkeit des Ventidius aus.[50] Hermann will seine Gattin darüber aufklären, daß sie von dem Römer zu gut denkt.

> Ich zweifle nicht, o ja, wenn ihn dein schöner Mund
> Um einen Dienst ersucht, er tut ihn dir;
> Doch wenn er die Orange ausgesaugt,
> Die Schale, Herzchen, wirft er auf den Schutt.
>
> THUSNELDA.
> Dich macht, ich seh', dein Römerhaß ganz blind.
> Weil als dämonenartig[51] dir
> Das Ganz' erscheint, so kannst du dir
> Als sittlich nicht den einzelnen gedenken.

Die Gatten erzürnen sich deshalb nicht. Thusnelda wird vollends beruhigt, als Hermann ihr verspricht: sie solle den Legaten binnen drei Tagen loswerden.

Zehnter Auftritt. Hermann unterweist den Boten, der an Marbod abgeschickt wird. Es ist Luitgar, der Sohn des fürstlichen Rates Eginhardt. Er soll einen Brief, einen Dolch und die beiden Knaben Hermanns, Rinold und Adelhart, mitnehmen.

> Wenn irgend in dem Brief ein Arges ist enthalten,
> Soll er (Marbod) den Dolch sofort ergreifen
> Und in der Knaben weiße Brüste drücken.

Es gilt, Höchstes zu erringen. Daher wird auch unendlich Liebes und Teures zum Pfand gesetzt. Wohl mag es uns nun bang werden. Wir denken an Schillers „Bürgschaft." An Tells

---

wieder ihre ursprüngliche Stellung einnehmen sollen. — Vom goldnen Zeitalter sangen die Dichter am Hofe des Augustus gern.
[49] Afern d. i. Afrikaner. — Perlen von Korinth: Perlen, die in Korinth gekauft werden konnten.
[50] „Du wirfst dem Walfisch eine Tonne vor". Es wird erzählt, daß die Walfischfänger dem Walfisch eine Tonne zuwerfen, um die Aufmerksamkeit des Tieres vom Boote abzulenken. Während das Tier mit der Tonne spielt, schleudern sie dann die Harpune. So ruft Lessing im Schlußstücke der Hamburgischen Dramaturgie aus: „Eine Tonne für unsere kritischen Walfische! Ich freue mich im voraus, wie trefflich sie damit spielen werden. Sie ist einzig und allein für sie ausgeworfen" usw. — Das Wort ratzenkahl (oder rattenkahl) ist eine scherzhafte Umbildung des Fremdwortes radikal. Man darf darin keinen besonderen Sinn suchen. Radikal d. i. mit der Wurzel, von Grund aus, völlig. Aber das kahl verleitet zu der falschen Anwendung für leer. — Schelm ist ursprünglich s. v. a. Schuft. (Der Sinn hat sich allmählich zum Milderen verändert. Ähnlich das Wort Schalk.) — „Bei Gott, ich auch nicht" Hermann läßt Varus morgen bei sich einrücken und weis; doch noch nicht, ob Marbod zur Unterdrückung der Römer helfen wird. (Gereke).
[51] Das Dämonische im allgemeinen ist daß Übermenschliche. Da der Dämon ein Geist zu sein pflegt, der rätselhaft wirkt, so kann die Bedeutung leicht ins Unsittliche oder Widersittliche fallen.

Knaben. Wir erinnern uns der Tragödien, wo ein heroischer Vater sein eignes Kind opfern muß: Abraham und Jephthah, Agamemnon und Idomeneus.[52]

Die scharfe Höhenluft dauert an. Wir spüren das Ungewöhnliche, das in Hermanns Handlungsweise liegt. Wir spüren auch, wieviel aufs Glauben ankommt, nicht nur auf Klugheit. Erst wägen, dann wagen. Indem Marbod den Tribut des Cheruskers empfängt, soll er sich verpflichtet fühlen, den Krieg gegen Rom zu führen, ohne Säumen und ohne Lässigkeit. Marbod soll sofort gegen Varus aufbrechen; denn es winkt eben jetzt die Gelegenheit zu einem großen Schlage.

Um zu zeigen, wie rasch gehandelt werden muß, verlegt Kleist die folgenden Ereignisse auf wenige, ganz genau bestimmte Tage. Unser zweiter Akt — so will der Dichter — spielt am 8. August. Am 9. bereits wird Varus in Teutoburg einrücken. Am 13. — den Iden, wie es die Römer nennen — will er über die Weser gehen.[53] In der Zwischenzeit marschiert er also diesem Strome zu. Am 11. rückt ihm Hermann nach, am 12. trifft er auf ihn im Teutoburger Walde.[54] Diese beiden letztgenannten Tage — Hermann nennt den ersten davon den Alraunentag, den zweiten den Nornentag — müssen die Entscheidung bringen. Wenn Marbod am 11. seinerseits über die Weser geht und am 12. im Teutoburger Walde eintrifft, dann ist alles in Ordnung: die Verbündeten arbeiten dann einander in die Hände.[55]

Schön tritt die Ergebenheit des Boten, herrlich am Schlusse der Szene das Vertrauen auf die Götter hervor. Die Befürchtung, daß den Boten ein Unfall treffen könnte, darf den Entschluß nicht lähmen. Groß ist dennoch die Spannung. Groß wie das Wagnis selbst. Wir empfinden dabei ähnlich, wie Moltke mit seinen Offizieren in der Nacht vor der Königgrätzer Entscheidung empfunden haben mochte, als der Graf Finckenstein von Gitschin nach Königinhof hinausritt, um dem Kronprinzen den Befehl zum Aufbrechen und Angreifen zu bringen.

Dritter Aufzug. Die Scharen des Varus ergießen sich nunmehr über das Cheruskerland. Hermann tut, als wären die fremden Soldaten lauter gute Freunde von ihm. Er veranstaltet allerhand ehrerbietige Bewillkommnung. Im Geheimen aber schürt er die Unzufriedenheit des Volkes. Er hetzt es gegen die Eindringlinge geradezu auf. Wie vorauszusehen war, wird von den Römern während des Marsches mehrfach Unbill begangen. Das benutzt der Fürst, die Erregung möglichst zu vermehren. Er sorgt dafür, daß die Übergriffe der Römer in der Vorstellung der Cherusker größer erscheinen, als sie eigentlich sind. Eine Art Schadenfreude bemächtigt sich seiner. Mit dem Unrechte, das die Römer verüben, wächst ja auch das Gefühl der Rache in den Unterdrückten. Und um die Erzeugung und Nahrung dieses Rachegefühls dreht es sich im dritten und vierten Aufzuge hauptsächlich.

Eigentümlich genug, wenn ein Fürst innerlich etwas anderes wünschen muß als das, was er, seiner Umgebung gegenüber, zum Ausdruck bringen darf. Die Bevölkerung befindet sich dann ebenfalls in einem äußerst peinlichen Zwiespalte. Der Sinn für Ordnung und Unterord-

---

[52] Daß dem Boten der Inhalt des; zu überbringenden Briefes gesagt wird, erinnert an die Stelle in dem Stücke des Euripides, wo Iphigenie den Pylades den nach der Heimat bestimmten, verschlossenen Brief anvertraut und hierauf — für den Fall, das; der Brief bei einem Schiffbruche verloren ginge — daß Geschriebene ausführlich mitteilt.
[53] Idus ist im Lateinischen Femininum und wird nur im Plural gebraucht.
[54] „Auf einen Marsch": bis auf einen Marsch, einen Tagesmarsch hinter Varus zurückbleibend.
[55] Die Nornen heißen B. 405 insgesamt die letzten. D. h. sie sind Zukunftsgöttinnen; sie schauen, wie die Parzen, alles, was da kommen soll und kommen wird. (Die Dreiteilung Atropos, Klotho, Lachesis oder Urd, Werdandi, Skuld kommt hier nicht in Betracht.)

nung verlangt, daß auch unter Seufzen gehorcht, daß gute Miene zum bösen Spiele gemacht werde. Aber der Sinn für Freiheit und Selbständigkeit empört sich dagegen und lockt zu verzweifelt eigenmächtigen Taten.

Die seltsame Stimmung, die Kleist in diesen Szenen wiedergibt, war schon zu Lebzeiten des Dichters weltgeschichtliche Wirklichkeit. In voller Stärke sollte sie sich aber erst zeigen, als die Deutschen im Frühjahr und Sommer 1812 den Durchzug der „Großen Armee" nach Rußland erlebten. Beim Anblicke der endlosen Heeresmassen, die sich damals über Elbe, Oder und Weichsel wälzten, mochte sich manchem Volksfreunde und Volksführer der Gedanke an die Unüberwindlichkeit des Korsen tiefer und immer tiefer einprägen. Aber daneben regte sich auch immer mehr der Grimm über den sündhaften Übermut der fremden Soldaten und Offiziere, und das Gefühl, daß die Last unerträglich sei, wurde immer allgemeiner. (482.000 „Gäste" mit 84.000 Pferden hatte Preußen 1812 während weniger Monate zu verpflegen; für Transporte stellte es bis Ende September gegen 78.000 Pferde und über 13.000 Wagen, dazu machte es Lieferungen im Werte von fast 130 Millionen Francs.)

Erster und zweiter Auftritt. Wir haben uns das Cheruskervolk in sogenannte Horden eingeteilt zu denken. An der Spitze einer Horde stehen Älteste.[56] Von solchen Bevorzugten des Landes umgeben, weilt jetzt Hermann vor seinem Teutoburger Zelte und mahnt — scheinbar gelassen — zur Höflichkeit gegen die Durchziehenden, deren baldige Ankunft in dem Hauptorte erwartet wird.[57] Dumpfe Ergebung herrscht um ihn. Vorläufig weiß nur Eginhardt um den Plan des Fürsten. Allmählich weiht aber der getreue Rat auch einige cheruskische Hauptleute, die sich bei der Gruppe vor dem Zelte einfinden, in die geheime Absicht Hermanns ein. Dies geschieht immer nur mit Vorsicht.[58] Hermann selbst spielt noch lange den Römerfreund weiter, schimpft jedoch im stillen, wenn seine Leute so geduldig dreinschauen und — vor lauter Bravheit — zu naiv reden. Er möchte ihnen am liebsten zuraunen: Seid doch nicht so schwerfällig in eurer Gutmütigkeit! Tut nicht wie Bären oder Ure! Ahmt lieber den Füchsen nach![59]

Die eintreffenden Hiobsposten enthalten eine bedeutende Steigerung. Es ist bezeichnend für die sittliche Höhe des Germanenvolkes, daß die Verletzung eines frommen Zartgefühls schlimmer wirkt als das Morden und Brennen, das die Römer sonst noch unterwegs verüben.[60]

Dritter Auftritt. Schön Thuschen hat sich mit Ventidius merkwürdig rasch wieder versöhnt. Hermann scherzt darüber. Er scheint überhaupt so recht aufgeräumt zu sein. Aber

---

[56] Die Ortsnamen sind vom Dichter erfunden. Die Endsilbe kon kommt jetzt noch vielfach in Ortsnamen vor. Am Züricher See z. B. sind Namen auf ikon häufig. Das kon ist entstanden aus hofen. (Vgl. Solnhofen und die zahlreichen andern Ortsbezeichnungen im Dativ wie Unterwalden, Frankenhausen, Göttingen usw.)
[57] „Das Gesetz der Dankbarkeit erfodert". Die Form fodern (statt fordern) war namentlich im 18. Jahrhundert ziemlich gebräuchlich.
[58] „Was gebeut mein König?" Die altertümlichen Formen gebeut, fleuch usw. wendet Kleist wiederholt an. — Läger s. v. a. Lagerplätze. Der Dichter denkt dabei an Ortschaften überhaupt. (Vgl. V. 26.)
[59] „Die deutschen Uren!" Man denkt an Dajas Ausruf in Lessings „Nathan" (am Schlusse des ersten Aufzuges): „So geh, du deutscher Bär!" Kleist gebraucht daß Wort Ur bald nach der schwachen, bald nach der starken Deklination.
[60] „Zeus, ihrem Greulgott, in den Staub zu knien." Kleist bringt wiederholt solche Dative. Man erwartet einen präpositionalen Ausdruck („vor Zeus im Staube knien"). Vgl. unten V. 353 („Der Tag, an dem Germanien zwar dem Cäsar sank"), V. 367 („Aristan hat das Schwert niemals den Cäsarn Roms gezückt"), 4, V. 43 („Was auch willst du mir?"), 4, V. 362 („bricht Astolf hier im Ort dem Krassus los"), 5, V. 420 („Das ist der Feind, dem dieser Busen schwillt"). Übrigens erwartet man auch den Namen Jupiter, statt Zeus. Zu Kleistens Zeit gebrauchte man solche Götternamen beliebig bald in der griechischen, bald in der römischen Form.

wir merken doch, wie bereits in den vorigen Aufzügen, das Gezwungene hindurch. Das ewige Hin und Her zwischen Spaß und Ernst würde uns unbefriedigt lassen, wenn wir nicht zugleich die Selbstbeherrschung bewunderten, die der Fürst aufbietet, um inmitten größter Gefahren, Sorgen und Erwartungen überall den Eindruck des Harmlosen, ja des Leichtsinnigen zu machen.[61] Auch erfreut uns mancher Zug herzlicher Gattenliebe. Bei dem Geschenke, das Hermann seiner Frau einst aus Rom mit gebracht hat, ist sinnig Bezug genommen auf den großen politischen Befreiungsgedanken. Der weitere Hinweis auf die furchtbaren Folgen, die das Zusammengehen mit den Römern haben kann und haben wird, ist nicht unnötig.

> Für wen erschaffen ward die Welt, als Rom?
> Nimmt August nicht dem Elefanten
> Das Elfenbein, das Öl der Bisamkatze.
> Dem Panthertier das Fell, dem Wurm die Seide?
> Was soll der Deutsche hier zum voraus haben?[62]

Thusnelda wird dadurch doch nachdenklich. Ihre Oberflächlichkeit ist nicht derartig, daß ihr wirklich ganz verborgen bleiben könnte, was es mit der vielbewunderten Kultur Roms für eine Bewandtnis hat. Hermann deutet ganz richtig an, daß, im Grunde genommen, der Germane, daß überhaupt jeder Barbar, in den Augen des Römers, — nur ein Tier ist.

> Ei, der Dämonenstolz! Der Hohn der Hölle!

meint da Thusnelda. Da sind wir doch — könnte sie fortfahren — „bessere Menschen". Und so ist es in der Tat. Es handelt sich um Humanität im besten Sinne. Humanität ist nicht Gleichmacherei. Menschlichkeit ist auch da, wo der Herr sich als Herrn, der Diener sich als Diener fühlt. Aber wahre Humanität, wahre Menschlichkeit entsteht nur dadurch, daß man an Ideale glaubt, zu denen alle Menschen berufen sind. Solange man in einem fremden Menschen weiter nichts als das Bestienhafte sehen will, ist man noch nicht hinreichend human. Der Germane nun hat im allgemeinen die Neigung, auch im andersartigen Menschen, ja auch im Feinde etwas Edles, etwas sittlich Hohes herauszufinden, anzuerkennen und zu achten. Die alten Griechen und Römer waren in dieser Hinsicht, trotz hoher Kultur, nicht eben weit gekommen. Daher die Entrüstung Thusneldens, daß Rom nach den Haaren und Zähnen der deutschen Frauen trachtet, als handle es sich um Ausbeutung von Jagdtieren.[63]

Die Unterhaltung ist auf diese Weise wieder einmal ins Philosophische geraten. Thusnelda bricht deshalb ab:

> Ach, geh! Ein Geck bist du, ich seh's, und äffst mich!
> Nicht, nicht? Gesteh's mir nur: Du scherzest bloß?

---

[61] Die Üppigkeit der Bewohner von Sybaris (in Unteritalien) war im Altertume sprichwörtlich. — „Wenn ihr den Adler seht, so ruft ihr mich." Die Knaben sollen die Ankunft der Römer melden. Vielleicht wird dieser Auftrag nur zum Scheine gegeben. Vgl. den vierten Auftritt. „Mit Absicht unterläßt Hermann die rechtzeitige Begrüßung, indem er sich stellt, als verbringe er die Zeit durch Tändeleien mit seinem Weibe." (Gereke.)
[62] „Schwarze Haare waren bei den Germanen verpönt. So färbte Klaudius Civilis, der Führer der Bataver, dem die Natur wahrscheinlich die für den Germanen charakteristische Haarfarbe verweigert hatte, sein Haar rot, um auch so als echter Germane zu erscheinen." (Zürn.) — „Der wird doch um meiner Haare nicht gekommen sein?" Kleist gebrauchte die Präposition um häufig mit dem Genetiv, statt um...willen. Vgl. V. 220 („um deiner gelben Haare"), V. 222 („Um meiner Haare?"), V. 239 („um meiner Zähne"), 4, V. 418 („um dieser schönen Regung") und sonst noch, — „Die Zähne auch, die elfenbeinernen." D. h. so weiß wie Elfenbein (Zürn.) Vgl. V. 188. — „Und hängen unsre trocknen um die Platte." D. h. um den kahlen Schädel.
[63] „Ausgeweidet und gepelzt." Pelzen d. i. den Pelz abstreifen.

HERMANN.
(Küßt sie.)
Ja — mit der Wahrheit, wie ein Abderit.
Warum soll sich von seiner Not
Der Mensch auf muntre Art nicht unterhalten.[64]

Fünfter und sechster Auftritt. Varus wird von Hermann in Teutoburg willkommen geheißen. Persönlich zeigt der Prokonsul nichts Abschreckendes.[65] Er tritt als Mann von Bildung auf, dem es nicht an Wohlwollen fehlt, wenn er sich auch lediglich als ein Werkzeug in der Hand des Augustus betrachtet (Je suis un fusil chargé, l'empereur commande et le coup part.) Auch die rheinischen Germanenfürsten, die mit Varus bereits verbündet sind, treten auf: Fust, Gueltar und Aristan. Fust trägt es nicht leicht, ein Fürst von Augusts Gnaden zu sein.[66] Aristan dagegen rühmt sich selbstzufrieden seiner Anhänglichkeit an Rom. Nachdem die ersten Höflichkeiten zwischen Varus und Hermann ausgetauscht sind, auch Thusnelda die Geschenke bewundert hat, die der römische Feldherr im Namen des Cäsar überbracht hat, sehen wir den festlichen Vorbeimarsch der Kohorten. Ein stolzer Anblick. Hermann ist in diesem Akte „ein wahrer Proteus". Er hat soeben den Zerstreuten, den Liebenswürdigen, den Unbedeutenden — und wer weiß was noch — gespielt, beobachtet aber jetzt unausgesetzt den Varus und Ventidius, die sich miteinander vertraulich unterhalten. Daß die Römer unter sich etwas anders sprechen als vor den germanischen Fürsten, erkennen wir bald.

> Wahr ist's, Rom wird auf seinen sieben Hügeln
> Vor diesen Horden niemals sicher sein,
> Bis ihrer kecken Fürsten Hand
> Auf immerdar der Szepterstab entwunden.

Und wir fühlen: die Verachtung, mit der hier Ventidius von den „dummen Deutschen" spricht, wird sich als böse Überhebung erweisen.[67]

Vierter Aufzug. Eine neue Hauptperson steht vor uns: Marbod. Ein mächtiger Mensch. Daß wir uns den geschichtlichen Marbod weniger edelmütig, weniger einnehmend vorstellen, will nicht viel besagen. Aber das Ungeschichtliche, das in Marbods hervorragender Beteiligung und Mitwirkung an dem Befreiungskampfe des Jahres 9 liegt? Das ist in der Tat ein besondres Wagnis. Dergleichen geht ziemlich weit hinaus über die Freiheit, die man sonst den Dichtern zugesteht. Es ist, als wenn ein Künstler die Schlacht bei Sedan so schildern wollte, daß neben dem siegreichen Preußenkönig plötzlich auch noch Franz Josef von Österreich oder Alexander II. von Rußland als Hauptperson zu sehen wäre. Kleist rechnete mit Lesern und Hörern, denen jene weit zurückliegenden, ältesten Ereignisse der vaterländischen

---

[64] Die Einwohner von Abdera (Ἄβδηρα, in Thrakien) waren wegen ihres einfältigen Wesens verschrieen. Wieland erzählt in seinem Romane „Die Abderiten" ausführlich von ihren Schildbürger-Stückchen. — „Danach wird weder Hund noch Katze krähen." Wahrscheinlich eine komische Verdrehung der Redensart „weder Hund noch Hahn", wobei Hund wiederum entstellt ist aus Huhn. Zürn erwähnt, daß sich die Redensart: „Es schien weder Hund noch Hahn darnach zu krähen" auch bei E. M. Arndt und in der Selbstbiographie Nettelbecks findet.

[65] „Im Tempel dieser Wälder". Die Wälder bilden gleichsam einen Tempel Wodans. (Die Bezeichnung „Herr des Blitzes" würde mehr für Donar passen). — Die Federn V. 386 sind Pfauen- und Straußenfedern. — Kupido (Cupido) s. v. a. Amor. — „Damit geschirrt!" V. 344. Geschirr s. v. a. Werkzeug jeder Art, Gerät.

[66] „Der Cimbern Thron". Ein etwas kühner Akkusativ der Wertbestimmung. Man muß dann im Hauptsatze durchfühlen: „Mich kostete er viel."

[67] Das Wort Hämmling bedeutet V. 387 den Schafbock, während man sonst dabei unmittelbar an einen Menschen denkt. (Man erwartet das einfache „Hammel"). — „An der Tiber". Der Name dieses Flusses ist ursprünglich Maskulinum. — „Und Freunde mit aus Rom bestätigen". Man erwartet, daß das Relativpronomen was (das im vorhergehenden Verse Nominativ ist) wiederholt wird. (Das zweite was wäre dann Akkusativ.)

Geschichte nur noch im allgemeinsten Umrisse vertraut waren. Ihm war der ganze Stoss mehr Sagenstoß. Und wenn man schon Historie und Dichtung vergleichen wollte, — war nicht auch Schiller in seiner „Jungfrau von Orleans" ähnlich frei verfahren? Ist nicht der Ausgang, den diese Tragödie nimmt, trotz aller Abweichung vom geschichtlich Bekannten und Beglaubigten, tief befriedigend? Und war nicht auch Goethe im Rechte, als er neben seinen geschichtlichen Egmont das ungeschichtliche Klärchen stellte?

Einen erheblichen Teil des Aufzugs füllen außerdem die Volksszenen, die sich um die unglückliche Hally gruppieren. Kleist bringt hier die alte Virginia-Fabel in neuem Gewande, steigert aber den Frevel, indem er die gräßliche Geschichte mit benutzt, die im 19. Kapitel des Buches der Richter steht, wonach ein Mann sein geschändetes Weib zerstückelt und die einzelnen Stücke an die zwölf Stämme Israels schickt. Also wieder eine starke Zumutung an die Bereitwilligkeit des Lesers und Hörers.

Erster und zweiter Auftritt. Marbod bespricht mit seinem Rate Attarin die soeben eingetroffene Botschaft Hermanns. Der Dichter gestaltet das außerordentlich eindrucksvoll. Welch rührendes Bild z. B. wenn der alte Fürst die beiden Knaben, die Luitgar mitgebracht hat, näher treten läßt, sie traulich fragt und „gedankenvoll in ihren Haaren spielt". Attarin hat zuerst vermutet, daß der Brief eine Finte und die mitgeschickten Knaben „untergeschoben" seien.[68] Das letztere klärt sich bald auf; denn Marbod hat die Knaben schon bei einer früheren Gelegenheit gesehen.[69] Die letzten Zweifel schwinden aber erst, als die Nachricht gebracht wird: die Römer, die bisher im Suevenlager geweilt, hätten sich plötzlich entfernt. Marbod bekommt Beweise, daß Rom sich von ihm abwenden will. Schnell entschlossen, geht er jetzt auf den Vorschlag, den ihm Hermann machen läßt, vollständig ein und bricht sofort mit seiner ganzen Kriegsmacht auf, die Weser zu überschiffen und den Teutoburger Wald zu erreichen. Mit Recht pflegt man diese Szene besonders zu bewundern. Bulthaupt z. B. — in seiner „Dramaturgie" — erinnert bei dem Geplauder Rinolds und Adelharts an die entsprechenden Stellen in Goethes „Götz" und weist auf den Gegensatz hin zwischen der kindlichen Unschuld, die nicht weiß, um was es sich handelt, die nicht ahnt, daß ihrer weißen Brust ein Dolch beängstigend nahe liegt, — und dem großen Geschick des Vaterlandes, für das diese süße Kindheit ahnungslos Bürgschaft und Siegel ist. „Die Kinder sind inzwischen bescheiden verstummt, mit großen Augen verfolgen sie Marbods ihnen unbegreifliches Tun, hören sie seine schmetternden Worte ... Unter ihren jungen hellen Augen vollzieht sich die große Wandlung zum Heil Germaniens, und sie sind es, die es mit dem Einsatz ihres reinen Lebens erkauft haben."[70]

---

[68] Kleist gebraucht die Form unterschoben statt untergeschoben.
[69] „Seit ich vergangnen Herbst her euch nicht sah." Marbod drückt sich ungenau aus. (Vielleicht mit Absicht; denn er will die Knaben prüfen.) Zu Attarin hat er kurz vorher bemerkt es wäre „vor sieben Monden" in Teutoburg gewesen.
[70] Statt Perlenmutter sagt man gewöhnlich Perlmutter. (Das Wort bezeichnet ursprünglich die Muschel, die als Erzeugerin der Perlen gedacht ist: madre perla, mére—perle, mother of peare.) — „Du trägst ja Marbods eisern'n Ring am Arm." Tacitus erwähnt im 31. Kapitel seiner „Germania", daß es bei den Edelen der Chatten Sitte gewesen sei, einen eisernen (Arm-)Ring solange zu tragen, bis man einen Feind getötet hätte. Der Ring, sagt Tacitus, sei wie eine Fessel gewesen, — ignominiosum id genti. (Worin das Schimpfliche gelegen habe, ist nicht ganz klar. Der Ring war doch nur „Symbol der gegen den Kriegsgott übernommenen Verpflichtung".) — Die Nemesis ist zumeist aus der attischen Tragödie bekannt, wo sie die Göttin der Vergeltung ist, die vor allem den Übermut bestraft. — „Zur neunten Hölle". Im „Katechismus der Deutschen" sagt Kleist einmal: Der, welcher weder liebt noch haßt, soll in die siebente, tiefste und unterste Hölle kommen. — Scherge bedeutet den Gerichtsdiener.

Dritter Auftritt und folgende. Wieder belauschen wir Hermann bei jenem unnatürlichen Wunsche: Wenn doch ein Unrecht geschähe! Wenn doch endlich, statt der vermaledeiten Ruhe und Ordnung, die Zuchtlosigkeit und der Frevel ihren Gang nehmen wollten! Und es geschieht. Die Bevölkerung wird allerorten in kürzester Frist zur fürchterlichsten Wut gebracht. Im Dunkel der Nacht ist römischerseits eine Gewalttat begangen worden, die nicht verborgen bleibt. Sie schreit zum Himmel. Wie schon gesagt, erinnert der ganze Vorgang an die Untat, durch die einst — in dem alten Rom des 5. Jahrhunderts v. Chr. — der Decemvir Appius Klaudius eine so verhängnisvolle Empörung hervorrief. Auch an den leidenschaftlichen zwölften Auftritt im ersten Aufzuge des „Fiesko" von Schiller werden wir erinnert.[71] Bei Kleist ist hier aber alles — trotz der Scheußlichkeit der Handlung — echte, große Kunst. Dieser Vater Teuthold steht in seinem unsäglichen Schmerze ebenso ergreifend vor uns wie jener schändlich gekränkte Vater Virginius in der Erzählung des Livius. Solche Menschen — gute, ehrenwerte Menschen! — müssen sich vorkommen, als würden sie zertreten. Wie schauerlich ist die Bezeichnung des unglücklichen Opfers in den Reden des Volkes:

>   EINIGE STIMMEN.
> Wer ist's? Ein Mann? Ein Weib?
>
>   DER CHERUSKER.
> *(Der die Person führt.)*
> Fragt nicht, ihr Leute,
> Werft einen Schleier über die Person!
> *(Er wirft ein großes Tuch über sie.)*

Und wie charakteristisch ist die Wehmut Hermanns:

> Hally? Was sagst du mir! Die junge Hally?

Brahm bemerkt in seinem Buche über Kleist: „Die Stimmung, die über der Szene lagert: wie Hermann zuerst begierig nach einer Untat der Römer, sein Volk zu entflammen, verlangt, wie dann in der lautlosen nächtlichen Stille ein Zusammenlauf entsteht, wie nur dunkle Andeutungen fallen, als wolle sich das Abscheuliche nicht von den Lippen lösen, wie das Flüstern zum Grollen, das Grollen zum Tun anschwillt, bis endlich der Sturm losbricht mit Naturgewalt: Empörung! Rache! Freiheit! — das alles kann nicht überzeugender dargestellt werden, und das deutsche Drama hat wenig Auftritte von so großem Wurf, von so Shakespeareschem Gehalt wie diese aufzuweisen."[72]

Siebenter und achter Auftritt. Die in Teutoburg unter Krassus zurückgebliebenen römischen Kohorten wissen noch nichts von der Aufregung, die sich der Bewohner be-

---

[71] Der Vergleich zwischen Schillers „Fiesko" und unserem Stücke kann überhaupt ziemlich weit ausgeführt werden, wie das Gereke in seiner Erläuterungsschrift „Heinrich von Kleists Hermannsschlacht" S. 104 tut.
[72] „Laß sie zu Hause gehen!" (V. 179): volkstümlich statt „nach Hause". — Chiffernschrift (V. 181): Geheimschrift, von Diplomaten u. a. angewandt.— „Auf meinem Flug mir munter nachzuschwingen" (B. 192). Man erwartet: sich nachzuschwingen. — Im fünften Auftritt kommt Teuthold mit zwei „Vettern." Die Verwandten sind verpflichtet, „für einander einzutreten und einander beizustehen, Freundschaften und Feindschaften gemeinsam zu hegen, besonders zugefügtes Unrecht zu verfolgen." Vgl. Tacitus, „Germania" Kap. 21. — „Kommt, ihr Wodankinder!" (V. 276). „Mit dieser Bezeichnung hebt Hermann den Gegensatz der Germanen zu den Römern scharf hervor." (Zürn.) — „Brich, Rabenvater, auf!" (V. 290). Im „Fiesko" sagt Bourgognino zu Verrina: „Rabenvater! Was hast du gemacht?" Man glaubte früher, daß der Rabe gegen seine Jungen grausam sei, sie gelegentlich zum Neste hinauswerfe u. dgl. — „Zerlegt in Stücken sie!" (V. 304). Das Wort Stück wird zuweilen schwach dekliniert. Vgl. 5, V. 88.

mächtigt hat. Auch Septimius, der sich dem militärischen Gefolge Hermanns anschließt, ist ahnungslos. Hermann spricht mit ihm — vom Wetter, und es klingt doppelsinnig, wenn der Römer antwortet: „Ich fürchte ein Gewitter." Geschickt hat der Fürst, indem er sich stundenlang von seinen Truppen fernhielt, zu hintertreiben gewußt, daß sein Heer von ; Septimius nach römischer Weise neu eingeteilt und umgeordnet würde. Diese Umformung wäre für den beabsichtigten Angriff im Teutoburger Walde nachteilig.[73] Jetzt sorgt Hermann auch dafür, daß kein Verkehr zwischen dem abmarschierenden Heere und Teutoburg stattfindet. Der darauf folgende kleine Monolog klingt sehr modern.

Neunter Auftritt. Der Abschied von Thusnelda! Das fordert einige Zeit. Nicht als ob sonderlich viel gute Wünsche und Aufträge, nebst zärtlichen Küssen, ausgetauscht werden müßten! Aber es muß endlich Klarheit in dem Verhältnis zu Ventidius geschafft werden. Und diese Klarheit ist — wie so manches im vierten und fünften Aufzuge — fürchterlich. Hermann hat ein Beweismittel in der Hand, das die Frivolität und Herzlosigkeit des Legaten ohne weiteres deutlich machen kann und Thusnelda schrecklich beschämen, schrecklich — kurieren muß. Zunächst dreht sich die Unterhaltung um das Verhältnis zwischen Germanen und Römern überhaupt. Der Römerhaß Hermanns kommt zum schroffsten Ausdruck. Das Hauptthema drängt sich — hier, wo man von Nebenhandlung reden könnte, — ungestüm hervor. Sollen wir dieses Übermaß von Leidenschaft verurteilen? Sollen wir die Großartigkeit dieser Gefühlsausbrüche bewundern? Der Dichter würde antworten: Hermann gehört — wie wir Deutschen unter Napoleon — einer Ausnahme-Zeit an, wo Ausnahme-Menschen mit einer Ausnahme-Moral wohl am Platze sind. „Haß ist mein Amt," erklärt also der Fürst. „Wenn ich Rache übe, so übe ich Tugend." Und so sollen denn zunächst in Teutoburg — alle Römer umkommen.

> Die Guten mit den Schlechten. — Was! die Guten!
> Das sind die Schlechtesten!

Wie paradox! Und doch wie einleuchtend! Diese sogenannten Guten können ja in diesem Falle nur stören. Sie können den Rächer in seiner heiligen Aufgabe nur aufhalten und irre machen. Weg mit ihnen!

> Die ganze Brut, die in den Leib Germaniens
> Sich eingefilzt wie ein Insektenschwarm,
> Muß durch das Schwert der Rache jetzo sterben.[74]

In derselben Szene gibt der Mann, der so hart reden muß, auch mancher freundlichen und sanften Empfindung Raum. Tief rührt ihn am Schluß der Anblick seiner fassungslos zusammenbrechenden Gattin. Der Brief aber, der die Fürstin so demütigt, ist zugleich ein neuer Wink, daß das große Rettungswerk, mit dem sich Hermann immerzu beschäftigt, eine dringende Notwendigkeit ist.[75]

---

[73] „Hast du das Heer zum Marsch nach Arkon angeschickt?" (V. 327). Angeschickt, d. h. fertig gemacht. Der Name Arkon ist wieder erfunden. (Er bedeutet Adlerhofen).
[74] „In diesen furchtbaren Worten", sagt Kämmel in seiner deutschen Geschichte S. 1073, „bricht der lange verhaltene Grimm des Deutschen gegen die Napoleonische Fremdherrschaft wie in einem wilden Naturlaut hervor." — Filz bedeutet durcheinander gewirrte Haare. Bei diesem Worte stellt man sich sogleich vor, wie schwer das Losmachen ist. — Die Worte „mein liebster Freund" (V. 869) sind natürlich nicht Apposition, sondern Anrede an den Gemahl, wie zuvor am Anfange des Gespräches (V. 350).
[75] „Nicht eh', nicht später" (V. 435). Kleist gebraucht wiederholt die Form ehe statt eher. Vgl. V. 429 sowie 5, V. 640 und V. 765. — Arkadier (V. 454) bedeutet einen verliebten Schäfer. (Arkadien galt von je in den Hirtengedichten als eine Art Paradies.)

Zehnter Auftritt. Wir hören die letzten Anordnungen vor dem Aufbruch. Der jugendliche Astolf ist hier nur Kriegsmann. Er sagt nur: „Zu Befehl." Sein alter Vater dagegen ist Staatsmann und muß alle möglichen Verwicklungen ins Auge fassen. Hermann zeigt sich ihm gegenüber wieder einmal als den ungemeinen Idealisten.

>Cheruska schirmen! Was! Wo Hermann steht, da siegt er,
>Und mithin ist Cheruska da.

Man kann dabei an die Worte denken, die Themistokles zu dem neidischen Korinther Adeimantos sprach, als Xerxes die Stadt Athen zerstört hatte und die Flotte der Griechen, noch unschlüssig, was geschehen sollte, im Sunde von Salamis lag: „Unsere Stadt sind die dreihundert Schiffe dort."[76]

In Thusneldens Seele ist viel vorgegangen. Noch am Anfange des neunten Auftrittes hat sie ihren Gatten gebeten, er möchte dem Ventidius das Leben schenken. Jetzt, wo der Aufzug schließt, deutet sie bereits an, daß auch bei ihr, wie bei Hermann, nur noch la Haine Einfluß hat.

Schon ist also „ein Sieg erfochten", und Hermann kann getrost aufbrechen, nunmehr den äußeren Feind zu treffen.

Fünfter Aufzug. Um die Hauptsache — die Schlacht — zu veranschaulichen, wechselt unser Dramatiker wiederholt den Schauplatz und läßt immer wieder andere Personen auftreten. Der Schlußakt wird auf diese Weise ziemlich lang. Er enthält nicht weniger als vierundzwanzig Auftritte. Seine Wirkung ist im ganzen großartig hinreißend. Wir glauben Shakespearesches Genie zu spüren. Aber mehr als einmal müssen wir auch eine große Seltsamkeit oder Überspanntheit mit in Kauf nehmen.

Erster und zweiter Auftritt. Varus und die Seinen haben sich im Teutoburger Walde verirrt. Die Nacht ist inzwischen hereingebrochen. Es donnert und blitzt. Die drei Cherusker, die dem Heere den Weg zeigen sollten, werden verhört. Sie reden sich gut heraus, berufen sich auf Hermanns Anweisung, und Varus wird darüber sehr ärgerlich.[77]

Vierter Auftritt. Eine Alraune tritt auf. Sie gibt auf die drei profanen Fragen, die der römische Oberfeldherr an sie richtet, drei Antworten von außergewöhnlichem Sinne. Wo komme ich her? Aus dem Nichts. Wo gehe ich hin? Ins Nichts. Wo bin ich? Zwischen Nichts und Nichts, zwei Schritte vom Grabe. Das ist eine unheimliche Sprache. Varus wird dadurch nachdenklich, obwohl er sich während des Zwiegesprächs nicht gerade ehrfürchtig zeigt. Die Szene hat Ähnlichkeit mit der bekannten Hexenszene in Shakespeares „Macbeth". Selbst im Wortlaut lehnt sich bisweilen Kleist an Shakespeare an.[78] Der Dichter dachte aber wahrscheinlich auch an die Erzählung, daß dem Drusus, der in den Jahren 12 bis 9 v. Chr. gegen die Germanen kämpfte, an der Elbe eine Frau von übermenschlichem Wesen erschienen sei und Halt geboten habe.[79]

---

[76] Vgl. die Äußerung im ersten Aufzuge V. 375 ff.
[77] Bei der Erfindung des Namens Pfiffikon mag dem Dichter die Erinnerung an das schweizerische Pfäffikon vorgeschwebt haben. — „Wie die Eul' am Tage" d. h. geblendet wie die Eulen. — „Ein Greulsystem von Worten" usw. Bei den alten Römern waren allerdings die Bezeichnungen für Tag und Nacht lautlich scharf geschieden. — „Legt sie in Stricken." Man erwartet die Form „Stricke".
[78] S. die Gegenüberstellung bei Gereke S. 106.
[79] Die Sibyllen sind weissagende Priesterinnen des Apollo. — Von der Wahrsagerin zu Endor, die von König Saul befragt wurde, wird erzählt 1. Sam. 28. — Die Raben gelten als Schicksalskünder, namentlich Unheilskünder. — „Von wannen kommt dir diese Wissenschaft?" Mit denselben Worten fragt König Karl VII. die Jungfrau

Sechster Auftritt und folgende. Varus bekommt die Nachricht, daß Marbod über die Weser gesetzt und den Römern im Walde entgegengerückt sei. Gleich darauf kommt die Meldung, daß Hermann ebenfalls in der Nähe sei. Der Vortrab seines Heeres — wird berichtet — berührte schon den Nachtrab der Römer. Varus faßt daß gleich richtig auf: er glaubt nicht, daß Hermann als Helfer komme, sondern er vermutet „Meuterei". Und schon kommt auch Aristan, der Ubierfürst:

>Verräterei! Verräterei!
>Marbod und Hermann stehn im Bund, Quintilius!
>Den Teutoburger Wald umringen sie,
>Mit deinem ganzen Heere dich
>In der Moräste Tiefen zu ersticken.

Schon auch haben Fust und die übrigen Rheinbündler die Sache Roms aufgegeben und sich dem Cherusker angeschlossen. Nur Aristan bleibt bei seiner einmal eingenommenen, unpatriotischen Haltung. Varus sieht jetzt ganz klar, daß der Überlister über Rom gekommen ist. Er nimmt sich jedoch gehörig zusammen und geht tapfer hinein in den Kampf.[80]

Zehnter und elfter Auftritt. Das Heer der Cherusker glaubt noch immer, es gehe gegen Marbod. Die Leute sind daher äußerst mißmutig und wollen nicht in die Schlacht. Egbert, einer von den cheruskischen Anführern, macht sich zum Wortführer der Unzufriedenen. Hermann läßt ihn erst ruhig ausreden, gibt dann aber in feurigen Worten kund, daß er mit Marbod verbündet sei und daß die bevorstehende Schlacht den Römern gelte.

Es berührt sonderbar, wenn im Anfange dieser Szene die Empörung der Cherusker so weit geht, daß sie dem Fürsten geradezu erklären: Wir verweigern dir den Dienst. Der Fürst — freut sich darüber. Er ist so gerührt über diesen — Ungehorsam, daß er Mühe hat, seine Empfindung noch ein Weilchen zu verbergen, und sich daher den Helm in die Augen drückt. Außerdem hilft er sich, dem Egbert gegenüber, durch Humor.

Zwölfter und dreizehnter Auftritt. Septimius ist der erste, der sterben soll. Hermann läßt den überraschten Mitfeldherrn zum Tode führen. Die Auseinandersetzung zwischen den beiden ist peinlich. Zwar weiß Hermann seine Härte ganz gut zu rechtfertigen. Aber wir kommen doch nur schwer über das Unritterliche hinweg, das in seinem ganzen Verfahren liegt.[81]

Vierzehnter Auftritt. Die Sueven sollen erfahren, daß die Cherusker zur Stelle sind und angreifen. Deshalb lodert jetzt ein Feuerzeichen empor. Gleichzeitig lauscht Hermann mit den Seinen dem Gesange der Barden, der „süßen Alten". Zwei bedeutende Strophen ertönen vom Hügel herab. Die erste schildert die Langmut, die bisher den Unterdrückern gegenüber

---

von Orleans in Schillers Stück (1, 10). — Die Quadriga heißt heiter, sofern hier an Freudenfeste gedacht wird. — Jovis d. i. Jupiters. — „Der Fragen mehr gibt die Alraune nicht." D. h. sie gestattet nicht mehr.

[80] Meuter (V. 204) statt Meuterer. — „Die Waffen plusternd" (V. 219): mit ihnen in der Erregung hantierend und drohend, wie wenn ein Vogel die Federn spreizt und sträubt. — „Daß mir der schlechtiste just von allen deutschen Fürsten bleiben muß." Aristan wird also nicht einmal von den Römern, denen er doch alles zu Gefallen tut, geachtet. — Die punische Falschheit war bei den Römern sprichwörtlich. — „Zur Hölle herab". Auffällig statt: „zur Hölle hinab."

[81] „Seit August sich so niedre zugelegt." Ironische Anspielung auf die Bezeichnungen Augustus (der Heilige), Divus. (der Göttliche) usw., überhaupt auf das ganze Gottmenschentum der Cäsaren, daß vom hellenistischen Orient übernommen wurde. — „Das Buch vom Cicero". Es ist das vielgelesene Buch von den Pflichten (de officiis) gemeint, — „Weil ich mit Helden würdig nicht zu tun." D. h. mit würdigen Helden. Oder: weil es hier nicht würdig zugeht, wie sonst unter vornehmen Kriegern, die sich gegenseitig achten.

153

bewiesen worden ist, und fordert zum Abschütteln des Joches auf, da es Zeit dazu sei.[82] Die zweite wendet sich an Hermann selbst, der in tiefer Ergriffenheit an einem Eichenstamme lehnt:

> Du wirst nicht wanken und nicht weichen
> Vom Amt, das du dir kühn erhöht,
> Die Regung wird dich nicht beschleichen,
> Die dein getreues Volk verrät.

Der Fürst bedarf dieses stärkenden Zurufes. Er ist ja auch nur ein Mensch, — ach, so sehr Mensch. So sehr Gefühlsmensch. Und dabei ist die Aufgabe, die er übernommen hat, so übermenschlich. Wir verstehen nun, wie sehr er sich immer hat zwingen müssen, seinem hohen Amte zu genügen. Manches Gewaltsame wird dadurch erklärlich. Wie wir in Glucks „Iphigenie in Aulis" den Agamemnon sozusagen unter den Anforderungen seiner Stellung leiden sehen, so sehen wir diesen Kleistischen Hermann leiden wegen seines von Haus aus so gütigen, milden Herzens. Welche Selbstbeherrschung hat schon die Einleitung und Vorbereitung des großen Werkes gekostet! Jetzt kommt es darauf an, daß die heißgewünschte Schlacht ein entscheidender Sieg wird.

Die Cimbern, Nervier und übrigen mit Varus verbündet gewesenen Stämme sollen als wiedergewonnene Brüder von den Cheruskern mit offenen Armen empfangen und willkommen geheißen werden. Ihre frühere Haltung soll ihnen nicht mehr angerechnet werden. „Vergebt! Vergeßt! Versöhnt, umarmt und liebt euch!" Ein löbliches Gefühl. Wenn nur Egbert die neuen Gefährten nicht als „Verräter" bezeichnet hätte, „die grimm'ger als die Römer selbst in der Cheruska Herzen wüteten!"

Fünfzehnter Auftritt und folgende. Der Dichter versetzt uns nach Teutoburg zurück und zeigt uns, wie gräßlich die Vergeltung über Ventidius kommt. Thusnelda verleitet den Legaten, in einen umgitterten Park zu treten, wo er sich plötzlich eingeschlossen und wehrlos einer wilden Bärin gegenüber sieht. Das hungrige Tier zerfleischt ihn, und Thusnelda begleitet die Angstrufe des Unglücklichen mit beißenden Hohnworten. Die Beurteilung dieser entsetzlichen Szene ist nicht so leicht. Es kann geschehen, daß man auch hier dem Dichter zustimmt und seine Kunst gelten läßt. Der erste Eindruck wird freilich der sein, den schon Wilbrandt gehabt hat, als er in seiner Kleist-Biographie (S. 345) schrieb: „Nichts kann den Dichter von dem Vorwurf befreien, in dieser Szene über jedes Maß hinausgegangen zu sein. Die Greueltat Thusneldas ist nicht motiviert und sie kann nicht motiviert werden; sie könnte es nur, wenn ihr Charakter sich zu einer von Leidenschaft zerrissenen Mißgestalt verzerrte, und nichts will Kleist weniger als das. So bleibt diese Szene als ein hereingeschleuderter Frevel stehen, mit dessen Ausmalung der Dichter seiner eigenen Stimmung eine fürchterliche Genugtuung vergönnte. Für ihn ist es kein Frevel, nur eine grausame, erschütternde, aber mit ehernem Ernst hinzunehmende Tat, wie sie der Moment gleichsam mit Naturnotwendigkeit gebar; Thusnelda erscheint hernach gefaßt und gesühnt, ja nun erst des Gatten wieder würdig geworden, und der Dichter sieht nicht, wie sich die Muse von dieser Verirrung mit Entsetzen

---

[82] „Wir litten menschlich" usw. „Menschlich" kann bedeuten: „wie es das gewöhnliche Menschenleben mit sich bringt" oder: „wie es dem Edelmenschen ziemt, die edlere Menschlichkeit, die Humanität, es erfordert" Das letztere liegt näher. Denn es soll doch hauptsächlich betont werden, daß das fortwährende ergebungsvolle Sichfügen, Dulden und Verzeihen eine Grenze hat, wo dann die Rache in ihr Recht tritt. Eine solche Rache kann dann nicht immer fragen, wie sich ihr Wert mit der verfeinerten Bildung, der Kultur, der Menschlichkeit usw. verträgt. Sie muß daherfahren wie ein Gewitter oder wie sonst eine rücksichtslose Naturgewalt.

abwendet ... In solchen Zügen verspüren wir die ganze unheimliche Gewalt des Schmerzes, mit dem er das Vaterland zertreten und sein eigenes Lebensglück zerschmettert sah."[83]

Der zwanzigste Auftritt spielt auf dem Schlachtfelde und zwar da, wo Marbod steht und den Gang der Dinge beobachtet. Eben kommt die Meldung, daß die Feinde völlig besiegt worden sind.[84] Das Römerheer ist nur noch ein zerschelltes Schiff,

> gewiegt in Klippen,
> Und nur die Scheitern hilflos irren,
> Noch aus dem Ozean des Siegs umher.[85]

Marbod freut sich, daß seine Sueven auf der Walstatt die Entscheidung herbeigeführt haben, bevor noch die Cherusker eingreifen konnten. Aber diesen letzteren soll deswegen die Ehre nicht geschmälert werden.

Einundzwanzigster und zweiundzwanzigster Auftritt. Varus hat den Versuch gemacht, sich in sein Schwert zu stürzen. Er ist aber nur verwundet und muß jetzt mit ansehen, wie die herbeieilenden Germanenfürsten Hermann, Fust und Gueltar miteinander streiten, wer die Ehre haben soll, den „Tyrannenknecht", den „Höllenhund", den „Wolf vom Tiberstrande" regelrecht zu fällen. Sonderbarerweise kommt es zwischen Hermann und Fust wirklich zum Zweikampf. Das Glück entscheidet dabei gegen den Cherusker, und Fust überwindet und tötet nunmehr den Varus im ehrlichen Gefecht. Hübsch wirkt es am Schlusse, wie der Unmut Hermanns in Liebenswürdigkeit übergeht. Persönliches Mißgeschick weiß der Edle leichter zu tragen als die allgemeinen, vaterländischen Nöte.[86]

Die letzten Auftritte spielen dann wieder in Teutoburg. Hermann kommt heim.[87] Er findet seine Residenz zerstört. Der Kampf zwischen Krassus und Astolf hat also viel gekostet. „Mag sein!" tröstet der Fürst. „Wir bauen uns ein schöneres Teutoburg auf."[88] Der allgemeine Siegesjubel übertönt die vereinzelten Stimmen, die noch klagen und bedauern. Alsbald erscheint auch Marbod. Der Cherusker huldigt dem Sueven, der Sueve wiederum dem Cherusker. Sie überbieten sich in Äußerungen der Hochachtung und Verehrung. Schließlich muß Hermann das Amt eines Oberherrn und Königs über ganz Germanien annehmen, und so er-

---

[83] „Hier sei es still wie an dem Lethe" (V. 433). Lethe: der Strom der Vergessenheit (λήθη Vergessenheit). Das Wort kommt sonst natürlich nur als Femininum vor. — „Ein Scherz nur, den meine Frau sich eben machen will" (V. 470). Frau: Herrin. — Die Petze (V. 475): die Bärin. (Ebenso das Maskulinum: Petz, Betz oder Bätz). — Iris (V. 507): die Botin der Götter. — „Der Saturniden Wonne" (V. 516). Die Saturniden sind die Kinder des Saturn oder Kronos, also Zeus und seine Geschwister.

[84] „Von allen zweiunddreißig Seiten". Es sind die Richtungen der Windrose gemeint.

[85] „Die Scheitern". Kleist gebraucht im Singular die Form Scheiter (etwas Zerschellendes, Zertrümmerndes) als Femininum.

[86] „Der Monolog des Varus erinnert, wie Zürn bemerkt, an Talbots letzte Worte in Schillers „Jungfrau von Orleans" (3, 6). — „Wenn du mit drei Würfeln doch nicht neunzehn, Augen werfen wolltest!" D. h. wenn du doch nicht Unmögliches wolltest! — „Meine Rippe, ihm verbunden" (V. 611). D. h. sie tat dem Armin den Gefallen und beschirmte mich. — „Laß mich sehn, ob du Herakles bist!" (V. 620). Herakles pflegt mit dem Löwenfell dargestellt zu werden. — Teut (V. 635) ist der Tuisko (oder Tuisko) des Tacitus. — „Das Blut des besten Deutschen fällt in Staub" (V. 662). Gemeint ist: „in'n Staub". (Vgl. im Abendliede von Matthias Claudius: „Laß uns in Himmel kommen!" und so häufig.)

[87] „Den Greul zu strafen, der sich ihr verübt" (V. 686), d. h. der an ihr verübt worden ist. Reflexive Wendungen dieser Art finden sich bei Kleist wiederholt.

[88] „Für höhere Güter", sagt Steig (a. a. O., S. 518 f.). „waren Kleist und seine Freunde bereit, selbst die Türme Berlins in den Staub sinken zu lassen; gleichwie nachher, zur rechten Stunde, Moskau in Staub und Asche sank." Man vergleiche die Kraftstelle im „Geist der Zeit" von Arndt (2, S. 177): „Lieber alles zerstört als Sklaverei, den langsam fressenden Wurm an den Blüten der Menschheit. Laßt Aschen fliegen, laßt Blut fließen, wenn es das Verhängnis will. Es bleibt nach der Zerstörung die Erde, es bleiben Menschen, die ein besseres Geschlecht zeugen werden, wenn ihr Fürsten ihre Freiheit nicht hingebet."

mahnt denn der Gefeierte alle „wackern Söhne Teuts", dem göttlichen Siegverleiher Wodan den schuldigen Dank abzustatten und hierauf nach Rom selbst aufzubrechen, —

> Wir oder unsre Enkel, meine Brüder!
> Denn eh doch, seh' ich ein, erschwingt der Kreis der Welt
> Vor dieser Mordbrut keine Ruhe,
> Als bis das Raubnest ganz zerstört
> Und nichts als eine schwarze Fahne
> Von seinem öden Trümmerhaufen weht!

Editorische Notiz:

Der Text der vorliegenden Edition folgt der Ausgaben:
Heinrich von Kleist: Die Hermannsschlacht. Drama in fünf Akten. Für die Bühne neu bearbeitet von Rudolph Genée, Berlin 1871.
Alfred Heil: Die Hermannsschlacht von Heinrich von Kleist. (= Professor Düntzers Erläuterungen zu den Klassikern, Bd. 96), Leipzig o. J.

Der Text wurde aus Fraktur übertragen. Die Orthographie wurde behutsam modernisiert, grammatikalische Eigenheiten bleiben gewahrt. Die Interpunktion folgt der Druckvorlage.

www.ingramcontent.com/pod-product-compliance
Lightning Source LLC
Chambersburg PA
CBHW021735220426
43662CB00008B/868